EL ÉXODO

Libro de actividades

El Éxodo: Libro de actividades

Bible Pathway Adventures® es una marca registrada de BPA Publishing Ltd.
Defenders of the Faith® es una marca registrada de BPA Publishing Ltd.

ISBN: 978-1-989961-87-2

Autora: Pip Reid
Director Creativo: Curtis Reid
Editora: Aileen Nieto

Para obtener recursos bíblicos gratuitos y Paquetes para Maestros, incluyendo páginas para colorear, hojas de trabajo, exámenes y más, visite nuestro sitio web en:

www.biblepathwayadventures.com

◇ **Introducción** ◇

Disfrute enseñando a sus hijos sobre la Biblia con nuestro El Éxodo: Libro de actividades. Lleno de detallados planes de lecciones, páginas para colorear, divertidas hojas de trabajo y rompecabezas para ayudar a los educadores como usted a enseñar a los niños una fe bíblica. Incluye referencias de las escrituras para una fácil búsqueda de versículos en la biblia y una práctica guía de respuestas para maestros y padres. La herramienta perfecta de discipulado para educadores de la escuela del Sabbat y dominical, y para la educación en casa.

Bible Pathway Adventures ayuda a los educadores a enseñar a los niños la fe bíblica de una manera divertida y creativa. Lo hacemos a través de nuestros libros de actividades y actividades imprimibles gratis, disponibles en nuestro sitio web: www.biblepathwayadventures.com.

Gracias por comprar este libro de actividades y apoyar nuestro ministerio. Cada libro comprado nos ayuda a continuar nuestro trabajo proporcionando paquetes de clases gratis y recursos de discipulado a familias y misiones alrededor del mundo.

¡La búsqueda de la verdad es más divertida que la tradición!

◇◇ Tabla de Contenidos ◇◇

Este libro pertenece a...

....

Dibuja algo ⟶

LECCIÓN 1 | Plan de la lección
Cruce del mar Rojo

Docente:_____

El pasaje de la Biblia de hoy: Éxodo 13:17-15:1

Oración de bienvenida:
Rece una simple oración con los niños antes de empezar la lección.

Objetivos de la lección:
En esta lección, los niños aprenderán:
1. Cómo Dios guio a los israelitas fuera de Egipto
2. Cómo Dios dividió el mar Rojo y salvó a los israelitas

¿Lo sabías?
Los arqueólogos han encontrado ruedas de antiguas carrozas egipcias y restos de animales en el fondo del golfo de Áqaba, entre Egipto y Arabia Saudí.

Resumen de la lección de la Biblia:
Dios guio al pueblo de Israel fuera de Egipto y lejos de la esclavitud. Se les presentaba de día en una columna de nube y de noche en una columna de fuego, para que pudieran viajar día y noche. Cuando los israelitas llegaron a la costa del mar Rojo se dieron cuenta de que el ejército del faraón corría hacia ellos. ¡Los israelitas pensaron que habían sido atrapados! "No teman, manténganse firmes y miren lo que Dios hará", dijo Moisés. Entonces, Dios dividió el agua para que los israelitas pudieran caminar hacia el otro lado sobre tierra seca. Cuando los egipcios intentaron perseguirlos, Dios dejó que las paredes de agua cayeran sobre los soldados y todos se ahogaron en el mar.

Repasemos:

Preguntas para hacer a sus estudiantes:

1. ¿Cómo los israelitas sabían el camino hacia el mar Rojo?

2. ¿Qué decidió hacer el faraón?

3. ¿Por qué crees que los israelitas tenían miedo?

4. ¿Cómo llegaron los israelitas al otro lado del mar Rojo?

5. ¿Qué pasó cuando el ejército egipcio intentó cruzar el mar Rojo?

 Un versículo de memoria para ayudar a los niños a recordar la Palabra de Dios:

"Entonces los hijos de Israel entraron por en medio del mar, en seco…" (Éxodo 14:22).

Actividades:

Hoja de trabajo: ¿Quién fue Moisés?

Hoja de trabajo: ¿Lo sabías?

Página para colorear: Cruce del mar Rojo

Hoja de trabajo: Palabras desordenadas de Moisés

Hoja de trabajo: Pan sin levadura

Hoja de trabajo: Carro de guerra egipcio

Cuestionario de la Biblia: Cruce del mar Rojo

Sopa de letras de la Biblia: Cruce del mar Rojo

Hoja de trabajo para colorear: ¡Escape de Egipto!

Pregunta y colorea: Cruce del mar Rojo

Hoja de Trabajo: ¿Cuál es la palabra?

Hoja de trabajo: Mi diario de viaje

Hoja de trabajo de comprensión: ¿Descubrimiento en el mar Rojo?

Empareja el versículo de la Biblia

Hoja de trabajo: Ayuda a los israelitas a cruzar el mar rojo

  ## Oración final:

Termine la lección con una pequeña oración.

¿Quién fue Moisés?

Lee Éxodo 2:1-12:42 y 1 Crónicas 23:15. Completa la siguiente ficha.

¿Quién adoptó a Moisés?

....

Moisés huyó a la tierra de Madián porque:

....

Dios envió a Moisés de regreso a la tierra de Egipto para:

....

Moisés tuvo dos hijos: .... y ....

Moisés es famoso por:

....

....

Cinco palabras que describen a Moisés:

1. ....

2. ....

3. ....

4. ....

5. ....

¿Lo sabías?

Cuando Moisés y los israelitas salieron de la tierra de Egipto, se llevaron los huesos de José con ellos. "Mas hizo Dios que el pueblo rodease por el camino del desierto del mar Rojo. Y subieron los hijos de Israel de Egipto armados. Tomó también consigo Moisés los huesos de José, el cual había juramentado a los hijos de Israel, diciendo: 'Dios ciertamente os visitará, y haréis subir mis huesos de aquí con vosotros'" (Éxodo 13:18-19).

Lee Éxodo 13:17-22. Discute: ¿Cómo crees que se vio la salida de los israelitas de la tierra de Egipto? Dibuja una escena de este pasaje de la Biblia.

"Los hijos de Israel entraron por en medio del mar, en seco..."

(Éxodo 14:22)

Moisés guio a los israelitas fuera de Egipto.
Ordena las letras para conocer los nombres
de los lugares mencionados en esta historia.

MOISÉS!

ptoEig .... oisMes ....

saealistrl .... gldiMo ....

Pi-hoiarhth .... arm oRjo ....

naoraF .... cáSu ....

✳ Lee sobre Moisés y el cruce del mar rojo en Éxodo 13-14 (RV1960).

Pan sin levadura

Necesito comer pan sin levadura durante siete días porque…

....
....
....
....
....
....
....
....

Imagina que estabas en la multitud que salió de Egipto. ¿Qué hubieras llevado contigo?

....
....
....
....
....
....
....

Escribe el versículo de Biblia Éxodo 12:39.

....
....
....
....
....
....

Haz un dibujo de los hebreos saliendo de Egipto con su pan sin levadura (Éxodo 12:39).

Carro de guerra egipcio

Los antiguos egipcios usaban carros de guerra guiados por caballos para luchar contra sus enemigos. Estos carros, o carrozas, estaban hechos principalmente de madera y cuero crudo, y solo podían llevar dos personas (un conductor y un arquero). Usando internet o una enciclopedia, investiga sobre los antiguos carros de guerra egipcios. Etiqueta las partes de un carro de guerra egipcio. Colorea el carro.

1. Jabalina	4. Contenedor de armas	6. Lanza
2. Arco		7. Flecha
3. Base	5. Poste de tiro	

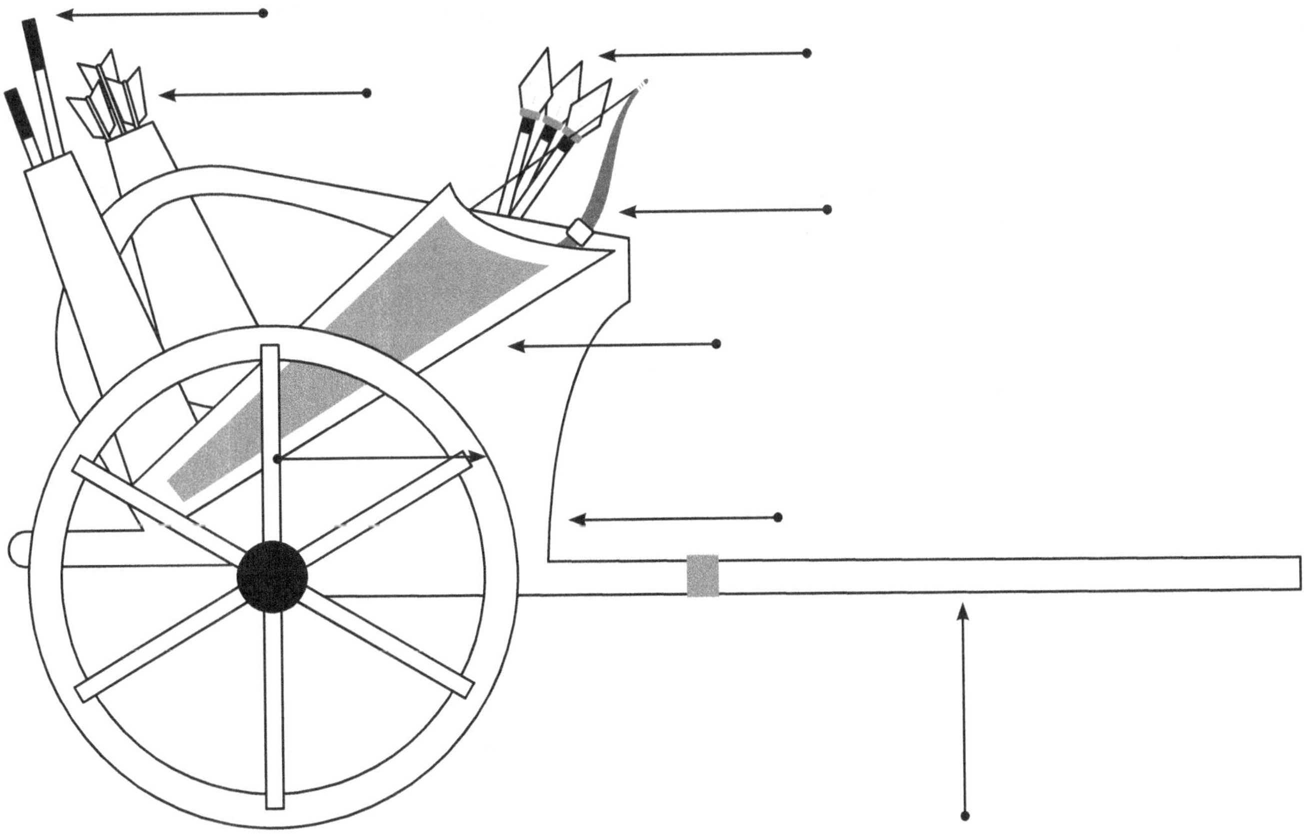

Cruce del MAR ROJO

Lee Éxodo 13:17-15:1. Responde las siguientes preguntas.

1. ¿Quién guio a los israelitas fuera de Egipto?

2. ¿Los huesos de quién se llevaron los israelitas con ellos?

3. ¿Quién guio a los israelitas a través del desierto?

4. ¿Qué ejército persiguió a los israelitas?

5. Cuando los israelitas llegaron al mar, ¿dónde acamparon?

6. ¿Cómo Moisés le ordenó al mar que se dividiera para que los israelitas pudieran cruzar al otro lado?

7. ¿Qué mar cruzaron los israelitas para escapar de los egipcios?

8. ¿Cómo Dios impidió que los egipcios persiguieran a los israelitas a través del mar?

9. ¿Qué le pasó al ejército egipcio?

10. ¿Qué hicieron los israelitas cuando llegaron al otro lado del mar?

Cruce del MAR ROJO

Lee Éxodo 14:1-31. Encuentra y encierra en un círculo las siguientes palabras.

F	M	O	I	S	É	S	Z	W	D	B	V	B	Y	C
A	D	J	G	E	T	Z	G	T	D	Y	A	A	F	O
R	Z	X	B	Q	C	U	J	H	P	L	N	G	U	D
A	N	G	A	H	H	G	W	E	Y	K	I	U	E	O
Ó	U	Q	C	M	K	B	E	B	W	Z	M	A	G	A
N	L	Q	R	Y	A	M	U	R	F	D	A	A	O	L
H	T	I	E	R	R	A	S	E	C	A	L	Y	U	X
V	Y	S	J	W	H	T	E	O	E	A	E	Z	Y	P
Z	A	P	Z	S	P	I	N	S	E	D	S	S	Z	Y
K	Q	R	H	H	I	D	Y	P	W	Z	Y	Y	U	P
Z	I	A	A	E	S	N	H	C	A	R	R	O	S	A
B	K	E	J	É	R	C	I	T	O	H	D	B	Q	E
S	T	D	Q	D	V	L	U	Z	O	O	E	H	Z	U
L	N	U	B	E	P	O	D	I	E	B	R	J	E	G
T	I	E	R	R	A	D	E	E	G	I	P	T	O	J

ANIMALES

FARAÓN

FUEGO

CARROS

HEBREOS

VARA

NUBE

AGUA

MOISÉS

TIERRA SECA

EJÉRCITO

TIERRA DE EGIPTO

¡Escape de Egipto!

Lee Éxodo 13:17-15:1. Escribe un resumen corto de este pasaje de la Biblia.

....

....

....

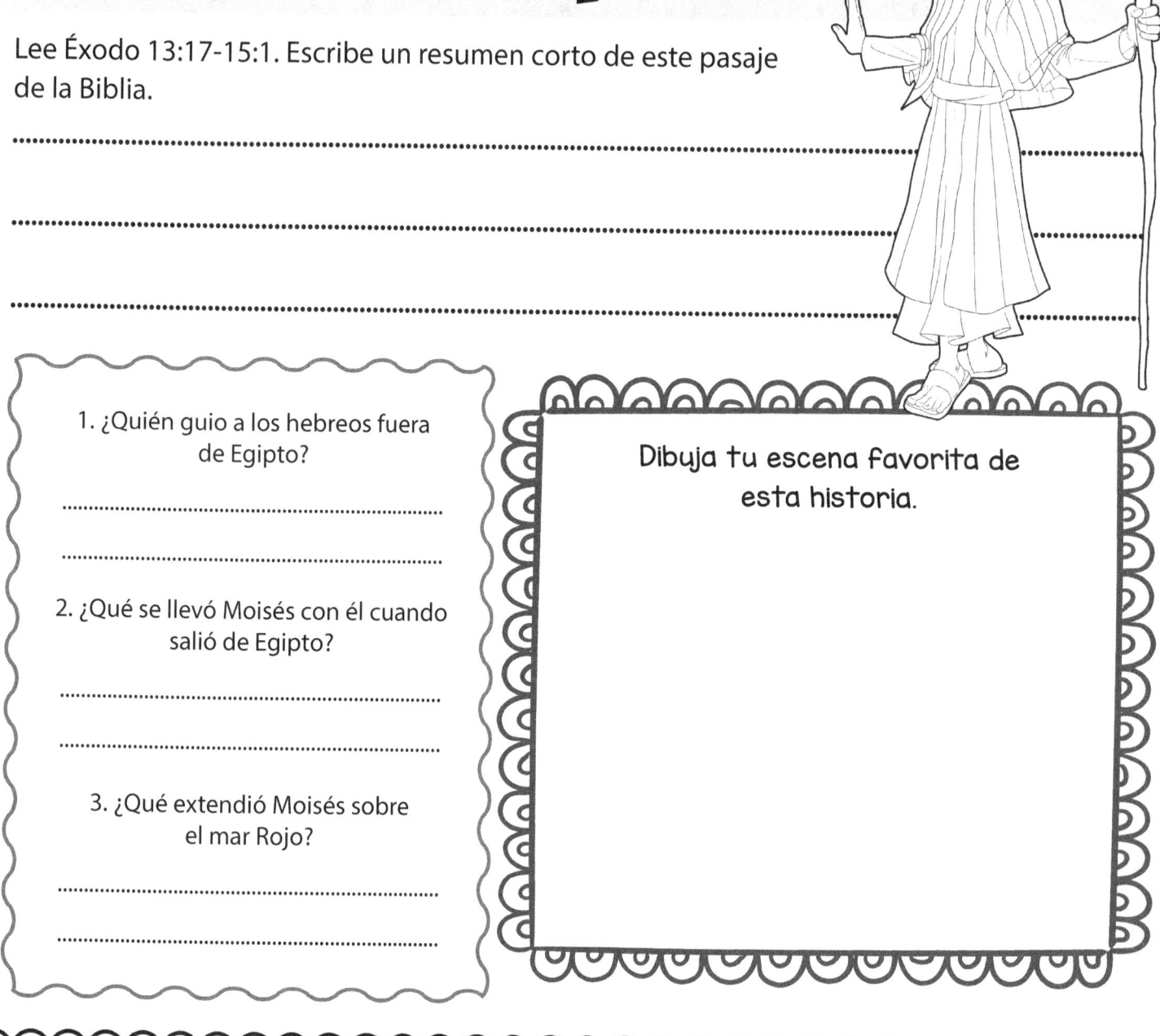

1. ¿Quién guio a los hebreos fuera de Egipto?

....

....

2. ¿Qué se llevó Moisés con él cuando salió de Egipto?

....

....

3. ¿Qué extendió Moisés sobre el mar Rojo?

....

....

Dibuja tu escena favorita de esta historia.

¿Qué puede enseñarme la vida de Moisés?

....

....

Dios usó a Moisés para...

....

....

Cruce del mar Rojo

Abre tu Biblia y lee Éxodo 14:1-31.
Responde las preguntas. Colorea la imagen.

1. ¿Quiénes persiguieron a los israelitas por el desierto?

....

....

....

2. ¿Qué se interpuso entre los egipcios y los israelitas?

....

....

....

3. ¿Qué pasó cuando Moisés extendió su mano sobre el mar?

....

....

....

¿Cuál es la palabra?

Lee Éxodo 14:21-27 (RV1960). Completa los espacios en blanco.

"Y extendió Moisés su .... sobre el mar, e hizo Dios que el mar se retirase por recio viento oriental toda aquella noche; y volvió el .... en seco, y las aguas quedaron divididas. Entonces los hijos de .... entraron por en medio del mar, en seco, teniendo las aguas como muro a su derecha y a su izquierda. Y siguiéndolos los ...., entraron tras ellos hasta la mitad del mar, toda la caballería de Faraón, sus .... y su gente de a caballo. Aconteció a la vigilia de la mañana, que Dios miró el campamento de los egipcios desde la .... de fuego y nube, y trastornó el campamento de los egipcios, y quitó las ruedas de sus carros, y los trastornó gravemente. Entonces los egipcios dijeron: Huyamos de delante de Israel, porque Dios .... por ellos contra los egipcios. Y Dios dijo a Moisés: Extiende tu mano sobre el mar, para que las aguas vuelvan sobre los egipcios, sobre sus carros, y sobre su caballería. Entonces .... extendió su mano sobre el mar, y cuando amanecía, el mar se volvió en toda su fuerza, y los egipcios al huir se encontraban con el mar; y Jehová derribó a los egipcios en medio del mar."

MANO	MOISÉS
MAR	CARROS
EGIPCIOS	ISRAEL
COLUMNA	PELEA

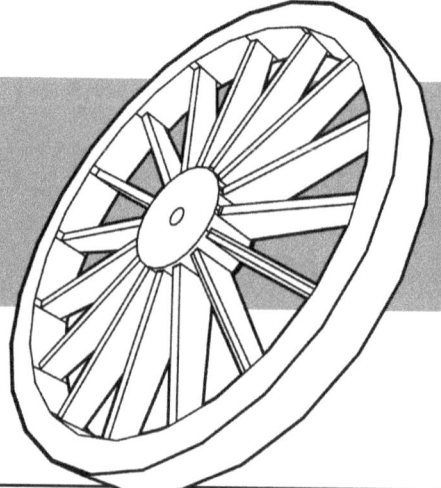

Mi diario de viaje

Después de que el faraón liberara a los hijos de Israel, Dios los guio a través del desierto hacia al mar Rojo. Imagina que eres un israelita. Haz un registro de tu viaje. ¡Usa tu imaginación!

Aprendí...

Escuché...

Dios me mostró...

Encontré...

Lo más extraño que vi fue...

¿Descubrimiento en el mar Rojo?

En la época del Éxodo, Egipto controlaba la península de Sinaí. Para escapar del ejército egipcio, el pueblo de Israel habría tenido que cruzar el mar Rojo para salir de Egipto. Los estudiosos de la Biblia debaten la ubicación del cruce del mar Rojo; algunos sugieren que fue el lago Sirbonis en Egipto, mientras que otros dicen que los israelitas cruzaron el mar por el puerto de Suez o los estrechos de Tirán. Otro grupo de arqueólogos cree que los israelitas cruzaron el mar Rojo en la playa de Nuweiba, ubicada en el Golfo de Áqaba y frente a la costa de Arabia Saudí. Esta playa es tan grande que se puede ver en mapas satelitales.

Fue en la playa de Nuweiba donde los buzos y científicos descubrieron un puente terrestre submarino que se extiende desde Egipto hasta la costa de Arabia Saudí. También descubrieron ruedas de carro cubiertas de coral y huesos de animales fosilizados en el fondo del mar. Algunas ruedas todavía estaban en sus ejes y otras estaban fuera. Incluso había cabinas de carros sin ruedas. "Dios trastornó el campamento de los egipcios, y quitó las ruedas de sus carros…" (Éxodo 14:24-25).

1. ¿Dónde está la playa de Nuweiba?

....

2. ¿Por qué crees que los hebreos pudieron haber cruzado el mar en la playa de Nuweiba?

....

....

....

¡Colorea el carro!

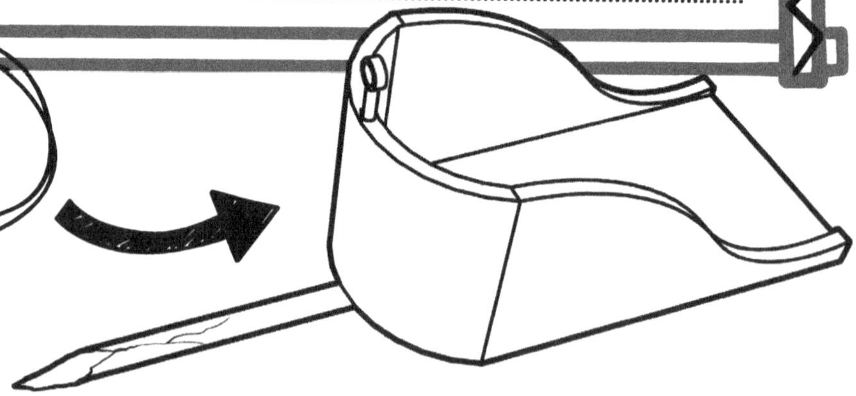

Ayuda a los israelitas a cruzar el mar Rojo

Hágales a los niños preguntas sobre la lección.
Cuando respondan correctamente, pueden colorear un recuadro
y avanzar a través del mar Rojo hasta que lleguen al otro lado.

5

4

3

2

I

LECCIÓN 2

Plan de la lección
Los diez mandamientos

Docente: _____

El pasaje de la Biblia de hoy: Éxodo 15:1-20:21 y 24:1-18

Oración de bienvenida:
Rece una simple oración con los niños antes de empezar la lección.

Objetivos de la lección:
En esta lección, los niños aprenderán:
1. Cómo Dios cuidó de los israelitas en el desierto
2. Los diez mandamientos

¿Lo sabías?
Un shofar es una trompeta ceremonial especial hecha del cuerno de un carnero. Se usa para anunciar los eventos especiales en el calendario de Dios.

Resumen de la lección de la Biblia:
En el desierto, Dios les dio a los israelitas reglas que seguir y les enseñó a descansar en el Sabbat. Cuando se quejaron de que tenían hambre, Él les envió maná y codornices para que comieran. En el tercer mes, los israelitas llegaron finalmente al desierto del Sinaí. Dios le dijo a Moisés que le dijera al pueblo que se prepara. "Consagra al pueblo y deja que lave su ropa. Al tercer día descenderé sobre el monte Sinaí a la vista de todo el pueblo". Al tercer día, la montaña estaba cubierta de una espesa nube de humo. Hubo truenos y relámpagos, y se escuchó un fuere toque de trompeta. Dese la montaña, Dios anunció Sus mandamientos a los israelitas.

Repasemos:

Preguntas para hacer a sus estudiantes:

1. ¿De qué se quejaron los israelitas en el desierto?
2. ¿Qué les dio Dios de comer?
3. ¿Qué día les dijo Dios a los israelitas que descansaran?
4. ¿Qué pasó en la mañana del tercer día?
5. ¿Puedes nombrar los diez mandamientos?

 Un versículo de memoria para ayudar a los niños a recordar la Palabra de Dios:

"Honra a tu padre y a tu madre, para que tus días se alarguen en la tierra que Dios te da" (Éxodo 20:12).

 ## Actividades:

Página para colorear: Maná en el desierto
Hoja de trabajo de comprensión: Maná en el desierto
Hoja de trabajo: Agua de la roca
Cuestionario de la Biblia: Los diez mandamientos
Pregunta y colorea: Monte Sinaí
Hoja de trabajo: Los diez mandamientos
Hoja de trabajo: Campamento de Israel
Hoja de trabajo: Soplar el shofar
Aprendamos hebreo: Shofar
Manualidad de la Biblia: Los diez mandamientos
Hoja de trabajo del periódico: El Tiempo de Sinaí
Palabras desordenadas de la Biblia
Página para colorear: Los diez mandamientos
Completa la imagen: Acampar en el desierto
Hoja de trabajo de comprensión: Monte Sinaí
Hojas de trabajo: Los diez mandamientos (10 páginas)

  ## Oración final:

Termine la lección con una pequeña oración.

"Al caer la tarde comeréis carne, y por la mañana os saciaréis de pan..."

(Éxodo 16:12)

Maná en el desierto

Moisés dijo a los israelitas: "Esto es lo que Dios ha dicho: 'Mañana es un descanso solemne, un día de Sabbat santo para Él. Cocine lo que quiera hornear y hierva lo que quiera hervir, y guarde el resto hasta la mañana'". Los israelitas guardaron el maná hasta la mañana como pidió Moisés. No se dañó ni le salieron gusanos. Moisés dijo: "Comed eso hoy, porque hoy es Sabbat. Hoy no hallarás maná en el campo. Seis días lo recogeréis, pero el séptimo día es Sabbat. No habrá maná".

El séptimo día, algunos del pueblo salieron a recoger maná y no lo encontraron. Dios le dijo a Moisés: "¿Hasta cuándo te negarás a guardar Mis mandamientos y Mis leyes? He aquí, porque Dios os ha dado el día de reposo, os da en el sexto día pan para dos días. Cada uno quédese en su lugar. Que nadie salga de su lugar en el séptimo día". Entonces el pueblo descansó el séptimo día.

1. ¿Cómo los israelitas encontraron comida en el desierto?

....

2. ¿Por qué los israelitas no recolectaron maná en el Sabbat?

....

¡Colorea la codorniz!

Agua de la roca

Haz un dibujo de una familia israelita acampando en el desierto.

Lee Éxodo 17. Imagina que eres un israelita. Escribe sobre el día que Dios te dio agua en el desierto.

....
....
....
....
....
....
....
....

Esta historia me enseña…

....
....
....
....
....
....

Si esta historia fuera un libro, la portada se vería así…

Los diez MANDAMIENTOS

Lee Éxodo 20:1-21. Responde las siguientes preguntas.

1. ¿A quiénes les dio Dios los diez mandamientos?

2. ¿Cuál es el 5º mandamiento?

3. ¿Qué mandamiento es "no matarás"?

4. ¿Sobre qué estaban escritos los diez mandamientos?

5. ¿Cuál es el 4º mandamiento?

6. ¿Qué mandamiento nos ordena no mentir?

7. ¿Qué mandamiento prohíbe robar?

8. ¿Qué mandamiento prohíbe crear ídolos falsos para adorar a Dios?

9. ¿Dónde recibió Moisés los mandamientos de Dios?

10. ¿Cuál es el 10º mandamiento?

Monte Sinaí

Abre tu Biblia y lee Éxodo 20:1-21.
Responde las preguntas. Colorea la imagen.

1. ¿Qué día debemos mantener santo (guardar)?

....

....

....

2. ¿A quiénes debemos honrar?

....

....

....

3. ¿Por qué los israelitas querían que Moisés hablara con ellos?

....

....

....

Los diez mandamientos

Lee Éxodo 20:1-17. Completa los espacios en blanco con las palabras que están en la parte de debajo de la página.

1 Soy el .... tu Dios. No tendrás dioses ajenos delante de Mí.

7 No cometerás ....

2 No harás ....

8 No ....

3 No tomarás el .... de Dios en vano.

9 No hablarás contra tu prójimo .... testimonio.

4 Acuérdate del .... y santifícalo.

10 No .... las cosas de otras personas.

5 Honra a tu .... y tu madre.

SABBAT CODICIARÁS
PADRE ADULTERIO
ROBARÁS SEÑOR
MATARÁS ÍDOLOS
FALSO NOMBRE

6 No ....

Campamento de Israel

Lee Números 2:1-34. El pueblo de Israel acampó en el desierto por 40 años.
Dentro de cada recuadro, escribe el nombre y número de israelitas de una tribu de Israel.
¡No te olvides de los levitas! ¿Dónde acamparon?

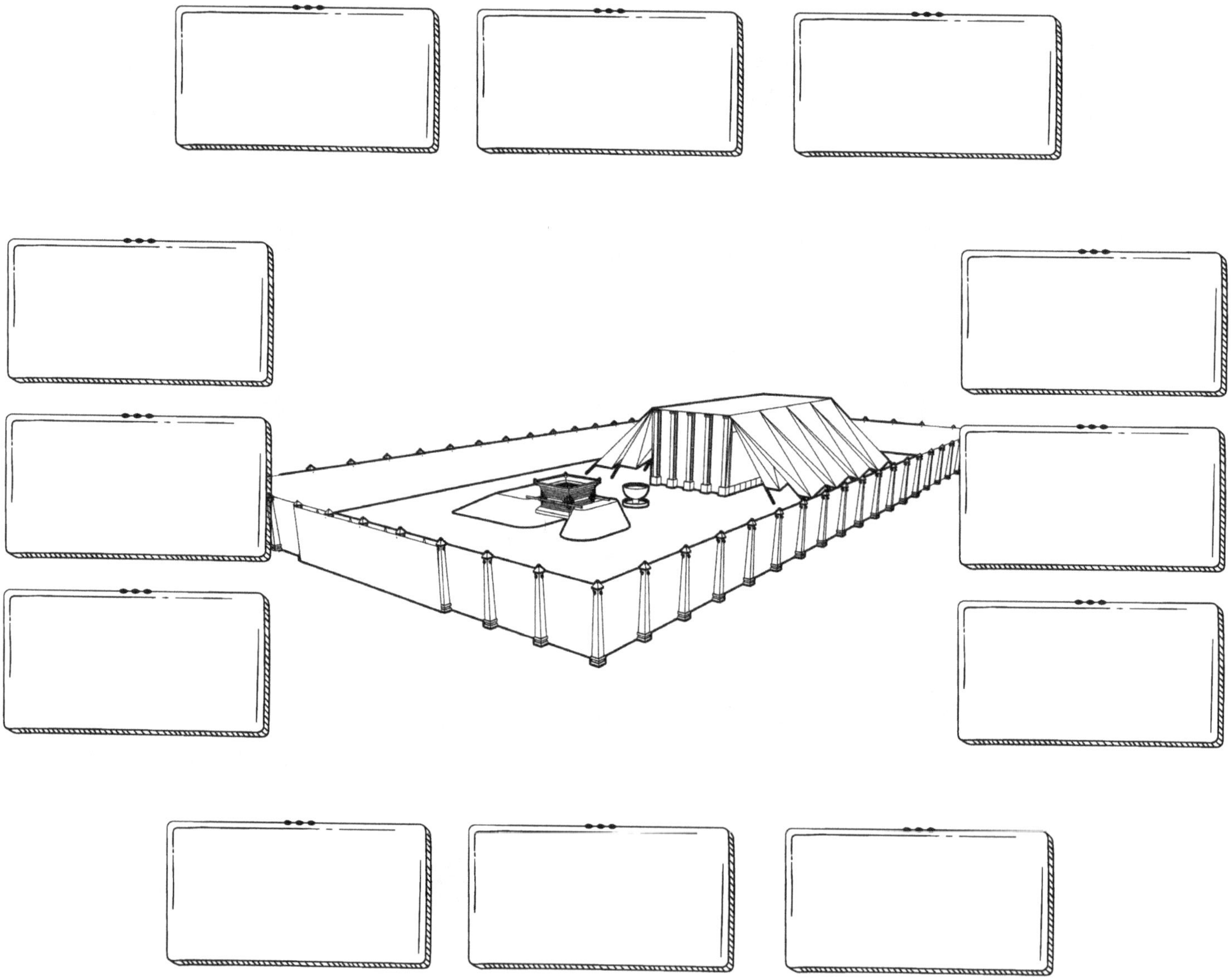

Soplar el shofar

Un shofar es un instrumento musical hecho de un cuerno de carnero. Viene en una variedad de formas y tamaños, dependiendo del animal y el tipo de acabado. En tiempos bíblicos, los shofares se tocaban en ocasiones importantes como el Sabbat, la luna nueva y la unción de un nuevo rey. Los shofares se usaban para intimidar al enemigo, declarar la guerra y reunir a la gente. El ejército israelita marchó alrededor de Jericó al son del shofar.

Los shofares se tocaban en todas las Fiestas; sin embargo, en su mayoría estaban asociados al Día de las Trompetas (Yom Teru'ah), también conocido como el Día del Soplo. Durante el Día de la Expiación (Yom Kippur), el sonido de un shofar reunía a los israelitas para un momento de recuerdo, confesión de pecado y preparación para el juicio cuando el sumo sacerdote entraba en el Lugar Santísimo para buscar el perdón de los pecados de Israel. En la Pascua, el sacerdote subía al pináculo del templo y tocaba un shofar. Todos los que escuchaban el shofar sabían que en ese momento un cordero era inmolado para el mundo.

¿Cuándo los israelitas soplaban el shofar?

....

....

....

....

....

¡Colorea al soplador del shofar!

Shofar

"Al tercer día, cuando vino la mañana, vinieron truenos y relámpagos, y espesa nube sobre el monte, y sonido de trompeta muy fuerte; y se estremeció todo el pueblo que estaba en el campamento" (Éxodo 19:16). La palabra hebrea para trompeta es shofar. El shofar está hecho del cuerno de un carnero.

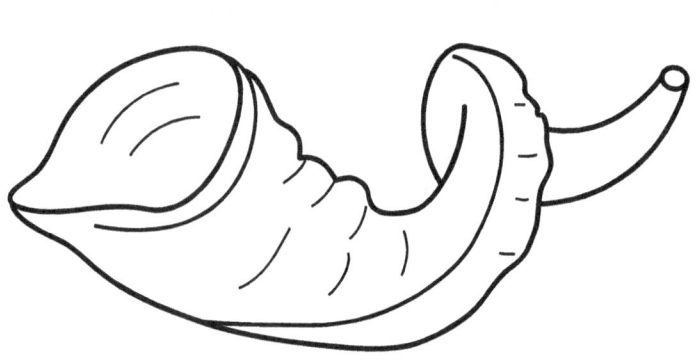

Shofar

Trompeta

שׁוֹפָר

Traza la palabra hebrea aquí:

שׁוֹפָר

שׁוֹפָר

Escribe la palabra hebrea aquí:

¡Vamos a escribir!

Practica escribiendo la palabra hebrea en las siguientes líneas.

שׁוֹפָר

שׁוֹפָר

Pruébalo por tu cuenta.
Recuerda que el hebreo se lee de DERECHA a IZQUIERDA.

Libro del Éxodo

El
Tiempo de Sinaí

ÉXODO 19-20   TIERRA DE MADIÁN   UNA PUBLICACIÓN DE HISTORIA DE LA BIBLIA

Tormenta en Sinaí

....

....

....

....

....

....

Moisés construye un altar

Dios anuncia los diez mandamientos

....

....

....

¿A quiénes debemos honrar?

Ordena las palabras para ver la respuesta. *Pista: lee Éxodo 20:12 (RV1960).*

" Hoanr a ut pader y a tu

_____

rmead, arap ueq stu saíd es

_____

aaelrngu ne al eaitrr euq

_____

soDi et ad. "

_____

"...y estuvo Moisés en el monte cuarenta días y cuarenta noches."

(Éxodo 24:18)

Acampar en el desierto

Los israelitas acamparon cerca del monte Sinaí. Vivían en carpas.
Dibuja una familia israelita y sus pertenencias dentro de la carpa para completar la imagen.

Monte Sinaí

Mucha gente cree que el monte Sinaí está situado en la península del Sinaí, en Egipto. Pero no hay ninguna evidencia bíblica o arqueológica que apoye este lugar como el monte Sinaí bíblico. Vamos a conocer más detalles y veamos si estás de acuerdo. Lee el artículo y responde a las preguntas de la página siguiente.

Monte Sinaí

¿Sabías que la Biblia dice que el monte Sinaí se encuentra en Arabia, no en Egipto (Gálatas 4:25)? Recientemente, los arqueólogos descubrieron un lugar que señala a Jebel el Lawz en Arabia Saudita como la ubicación del bíblico monte Sinaí. Esta montaña se encuentra en el noroeste de Arabia Saudita, cerca de la costa del Golfo de Áqaba. Un mapa aéreo muestra que la montaña tiene una forma casi semicircular y encierra un área de 5.000 acres. A diferencia de otras montañas cercanas, toda la cima de Jebel el Lawz está ennegrecida (Éxodo 19:18). En la cara de Jebel el Lawz hay evidencia de un antiguo arroyo. La Biblia dice que cuando Moisés destruyó el becerro de oro, "arrojó el polvo al arroyo que descendía del monte..." (Deuteronomio 9:21). En 1985, los arqueólogos encontraron en las inmediaciones muchas grandes columnas de piedra (o pozos) que formaban una línea a lo largo de una antigua zona de "lago" que bordeaba el recinto sagrado. ¿Fueron estos pozos y el lago parte de un sistema de suministro de agua creado para proveer a los israelitas de agua fresca?

La Biblia dice que "Moisés... construyó un altar debajo del monte, y doce columnas según las doce tribus de Israel" (Éxodo 24:4). En la base de Jebel el Lawz, los arqueólogos encontraron un altar similar al altar de piedra "sin cortar" mencionado en el libro del Éxodo (Éxodo 20:25; 24:4). Junto al altar había una estructura en forma de "L" con paredes de un metro de grosor. ¿Era esta zona donde se mataban los animales antes de ser sacrificados como holocausto? Cerca de allí, los arqueólogos encontraron doce grandes rocas de granito de unos dos metros de ancho y dos metros de alto. A unos dos kilómetros del recinto sagrado, los arqueólogos descubrieron un gran altar de piedra con inscripciones de dioses egipcios animales de la fertilidad. Si los israelitas crearon estas inscripciones, tiene sentido que representaran dioses egipcios, ya que vivían en Egipto.

Monte Sinaí

Objetivo de la misión: Entender la ubicación del monte Sinaí bíblico.

Lee cada pregunta y escribe tu respuesta en las líneas.

Mira un atlas. ¿Dónde está Arabia Saudita?

....

....

....

¿Qué opinas? ¿Es Jebel el Lawz el bíblico monte Sinaí?

....

....

....

Lee el pasaje en la página anterior y haz tu propia investigación. ¿Qué evidencias han encontrado los arqueólogos que señalan a Jebel el Lawz como el bíblico monte Sinaí?

....

....

....

....

....

1º MANDAMIENTO

Abre tu Biblia y lee Éxodo 20:1-3. Escribe un párrafo corto en el que expliques cómo honras este mandamiento. Usa tu imaginación para colorear la ilustración en la parte de abajo de la página.

2º MANDAMIENTO

Abre tu Biblia y lee Éxodo 20:4-6. Escribe un párrafo corto en el que expliques cómo honras este mandamiento. Usa tu imaginación para colorear la ilustración en la parte de abajo de la página.

3º MANDAMIENTO

Abre tu Biblia y lee Éxodo 20:7. Escribe un párrafo corto en el que expliques cómo honras este mandamiento. Usa tu imaginación para colorear la ilustración en la parte de abajo de la página.

4º MANDAMIENTO

Abre tu Biblia y lee Éxodo 20:8-11. Escribe un párrafo corto en el que expliques cómo honras este mandamiento. Usa tu imaginación para colorear la ilustración en la parte de abajo de la página.

5º MANDAMIENTO

Abre tu Biblia y lee Éxodo 20:12. Escribe un párrafo corto en el que expliques cómo honras este mandamiento. Usa tu imaginación para colorear la ilustración en la parte de abajo de la página

....

....

....

....

....

....

6º MANDAMIENTO

Abre tu Biblia y lee Éxodo 20:13. Escribe un párrafo corto en el que expliques cómo honras este mandamiento. Usa tu imaginación para colorear la ilustración en la parte de abajo de la página.

....

....

....

....

....

....

7º MANDAMIENTO

Abre tu Biblia y lee Éxodo 20:14. Escribe un párrafo corto en el que expliques cómo honras este mandamiento. Usa tu imaginación para colorear la ilustración en la parte de abajo de la página.

8º MANDAMIENTO

Abre tu Biblia y lee Éxodo 20:15. Escribe un párrafo corto en el que expliques cómo honras este mandamiento. Usa tu imaginación para colorear la ilustración en la parte de abajo de la página.

....

....

....

....

....

....

....

9º MANDAMIENTO

Abre tu Biblia y lee Éxodo 20:16. Escribe un párrafo corto en el que expliques cómo honras este mandamiento. Usa tu imaginación para colorear la ilustración en la parte de abajo de la página.

....

....

....

....

....

....

10º MANDAMIENTO

Abre tu Biblia y lee Éxodo 20:17. Escribe un párrafo corto en el que expliques cómo honras este mandamiento. Usa tu imaginación para colorear la ilustración en la parte de abajo de la página.

LECCIÓN 3 | Plan de la lección
El becerro de oro

Docente: _____

El pasaje de la Biblia de hoy: Éxodo 32:1-34:35

Oración de bienvenida:
Rece una simple oración con los niños antes de empezar la lección.

Objetivos de la lección:
En esta lección, los niños aprenderán:
1. Por qué Aarón hizo un becerro de oro
2. Cómo Dios castigó a los israelitas por hacer un ídolo de oro

¿Lo sabías?
Cuatro de los nombres de Dios son Yah, Yahweh, Yahuah y Elohim.

Resumen de la lección de la Biblia:
Mientras Moisés estaba en el monte Sinaí, los israelitas le pidieron a Aarón que les hiciera un ídolo para poder adorar a Dios. Le dieron a Aarón sus joyas de oro y él les hizo un becerro de oro. ¡Los israelitas estaban complacidos! Hicieron una gran fiesta para celebrar. Pero Dios no estaba complacido en absoluto. "Déjame destruir a esta gente", dijo. Moisés le rogó a Dios que no hiciera esto, y Dios estuvo de acuerdo. Moisés corrió montaña abajo hacia el campamento. Cuando vio el becerro de oro, destrozó en el suelo las dos tablas de piedra (en las que estaban escritos los diez mandamientos). Tomó el becerro de oro y lo quemó con fuego. Luego lo molió hasta convertirlo en polvo, lo esparció sobre el agua y lo hizo beber a los israelitas.

Repasemos:

Preguntas para hacer a sus estudiantes:

1. ¿Qué le pidieron los israelitas a Aarón que hiciera?
2. ¿De qué estaba hecho el ídolo y qué forma tenía?
3. ¿Qué hizo Dios que cuando lo que había pasado en el campamento?
4. ¿Qué hizo Moisés con el becerro de oro?
5. ¿Qué se llevó Moisés consigo al monte Sinaí en Éxodo 34?

 **Un versículo de memoria para ayudar a los niños a recordar la Palabra de Dios:**

"No te harás dioses de fundición" (Éxodo 34:17).

Actividades:

Página para colorear: El becerro de oro

Crucigrama de la Biblia: El becerro de oro

Hoja de trabajo: ¿Cuál es la palabra?

Página para colorear: El primer sumo sacerdote

Hoja de trabajo: El pectoral del sumo sacerdote

Hoja de trabajo: ¿Lo sabías?

Pregunta y colorea: El becerro de oro

Manualidad de la Biblia: El becerro de oro

Actividad de la Biblia: Los israelitas hacen un becerro de oro

Hoja de trabajo de comprensión: Las doce tribus de Israel

Hoja de trabajo: El becerro de oro

Hoja de trabajo: El toro Apis

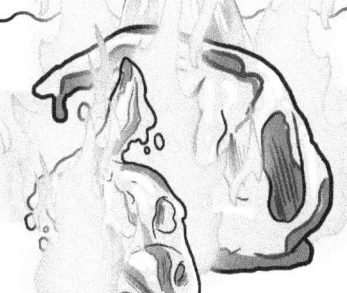

 Oración final:

Termine la lección con una pequeña oración.

"...se han hecho un becerro de fundición, y lo han adorado, y le han ofrecido sacrificios..."

(Éxodo 32:8)

El becerro DE ORO

Lee Éxodo 28 y 32. Completa el siguiente crucigrama.

HORIZONTAL

1) Para castigar a los israelitas, Dios envió una _____.

5) Aarón fue el primer sumo _____.

7) Moisés bajó _____ tablas de piedra de la montaña.

8) Aarón hizo un becerro de _____.

9) Moisés bajó de esta montaña.

VERTICAL

1) Moisés destruyó el becerro y lo hizo _____.

2) Moisés quemó el becerro en el _____.

3) Moisés lanzó dos _____ de piedra al piso.

4) El nombre del hermano de Moisés.

6) Quien escribió Sus mandamientos en tablas de piedra.

¿Cuál es la palabra?

Lee Éxodo 32:1-6 (RV1960). Completa lo espacios en blanco.

" Viendo el pueblo que .... tardaba en descender del ...., se acercaron entonces a Aarón, y le dijeron: Levántate, haznos dioses que vayan delante de nosotros; porque a este Moisés, el varón que nos sacó de la tierra de Egipto, no sabemos qué le haya acontecido. Y Aarón les dijo: Apartad los zarcillos de .... que están en las orejas de vuestras mujeres, de vuestros hijos y de vuestras hijas, y traédmelos. Entonces todo el .... apartó los zarcillos de oro que tenían en sus orejas, y los trajeron a Aarón; y él los tomó de las manos de ellos, y le dio forma con buril, e hizo de ello un becerro de .... Entonces dijeron: Israel, estos son tus dioses, que te sacaron de la tierra de Egipto. Y viendo esto ...., edificó un altar delante del becerro; y pregonó Aarón, y dijo: Mañana será fiesta para el Señor. Y al día siguiente madrugaron, y ofrecieron ...., y presentaron ofrendas de ....; y se sentó el pueblo a comer y a beber, y se levantó a regocijarse. "

MOISÉS   PAZ
MONTE   AARÓN
PUEBLO   ORO
FUNDICIÓN   HOLOCAUSTOS

Aarón, el primer sumo sacerdote

Las vestiduras que harán son estas: el pectoral, el efod, el manto, la túnica bordada, la mitra y el cinturón. Hagan, pues, las vestiduras sagradas para Aarón tu hermano, y para sus hijos, para que sean Mis sacerdotes. (Éxodo 28:4)

El pectoral del sumo sacerdote

Lee Éxodo 28:21 y Revelaciones 7. Cada piedra preciosa en el pectoral del sumo sacerdote representa una de las doce tribus de Israel. Escribe los nombres de las doce tribus de Israel en las líneas de abajo. Colorea el pectoral.

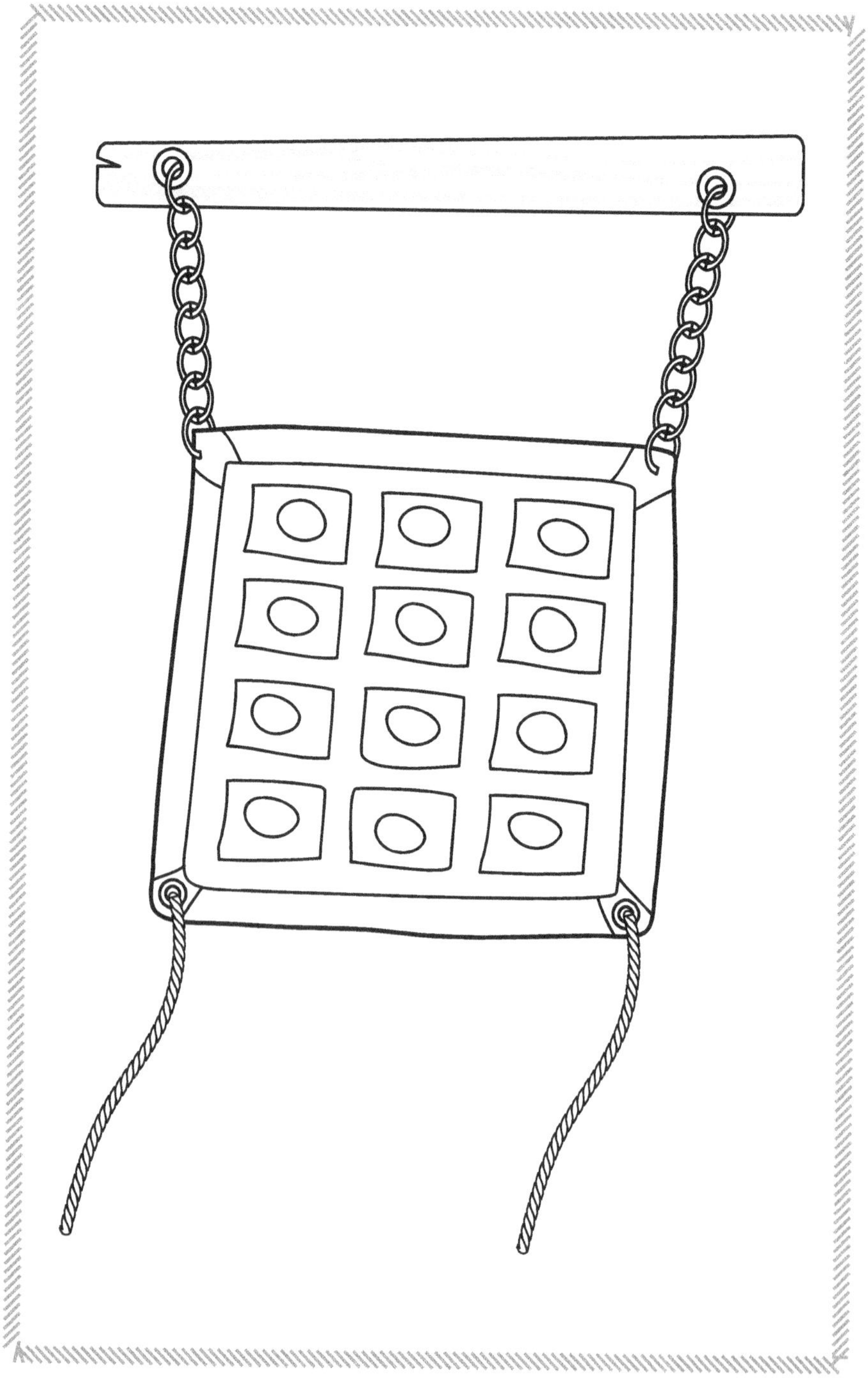

1. ....
2. ....
3. ....
4. ....
5. ....
6. ....
7. ....
8. ....
9. ....
10. ....
11. ....
12. ....

¿Lo sabías?

La única mención al polvo de oro en la Biblia fue donde el becerro de oro fue reducido a polvo debido al adulterio espiritual de los israelitas. "Y Moisés tomó el becerro que habían hecho, y lo quemó en el fuego, y lo molió hasta reducirlo a polvo, que esparció sobre las aguas, y lo dio a beber a los hijos de Israel" (Éxodo 32:20).

Usa este espacio para hacer un dibujo de Moisés destruyendo el becerro de oro de los israelitas.

El becerro de oro

Abre tu Biblia y lee Éxodo 32:1-35.
Responde las preguntas. Colorea la imagen.

1. ¿Quién hizo el becerro de oro?

....

....

....

2. ¿Qué pasó con el primer par de tablas de piedra?

....

....

....

3. ¿Qué hizo Moisés que los israelitas bebieran?

....

....

....

Doce tribus de Israel

Este artículo presenta a las doce tribus de Israel. A medida que lo leas, piensa sobre las tribus y dónde pudieran estar viviendo hoy en día. Responde las preguntas de abajo.

Los israelitas

El pueblo hebreo que abandonó la tierra de Egipto y siguió a Moisés por el desierto durante cuarenta años hasta llegar a la tierra de Canaán, se convirtió en las doce tribus de Israel. Cada tribu estaba formada por decenas de miles de personas y llevaba el nombre de un hijo o nieto de Jacob (cuyo nombre se cambió posteriormente por el de Israel). Como resultado, el pueblo hebreo pasó a ser conocido como los israelitas, o las doce tribus de Israel.

En el desierto, las tribus de Aser, Dan, Judá, Efraín, Gad, Isacar, Manasés, Neftalí, Rubén, Simeón, Benjamín y Zabulón acamparon alrededor del tabernáculo. La tribu de Levi vivía el medio del campamento. Cada tribu tenía un estandarte y un símbolo. Por ejemplo, el estandarte de Judá era el león, el de Rubén era un hombre, el de Efraín era el buey y el de Dan, el águila. ¿Sabías que estos cuatro símbolos son también las cuatro caras de los querubines alrededor del trono de Dios? (Ezequiel 10).

Preguntas:

¿Por qué los hebreos pasaron a ser conocidos como las tribus de Israel?

....

¿Cuáles son las dos tribus que no llevaban nombres de hijos de Jacob?

....

....

El becerro de oro

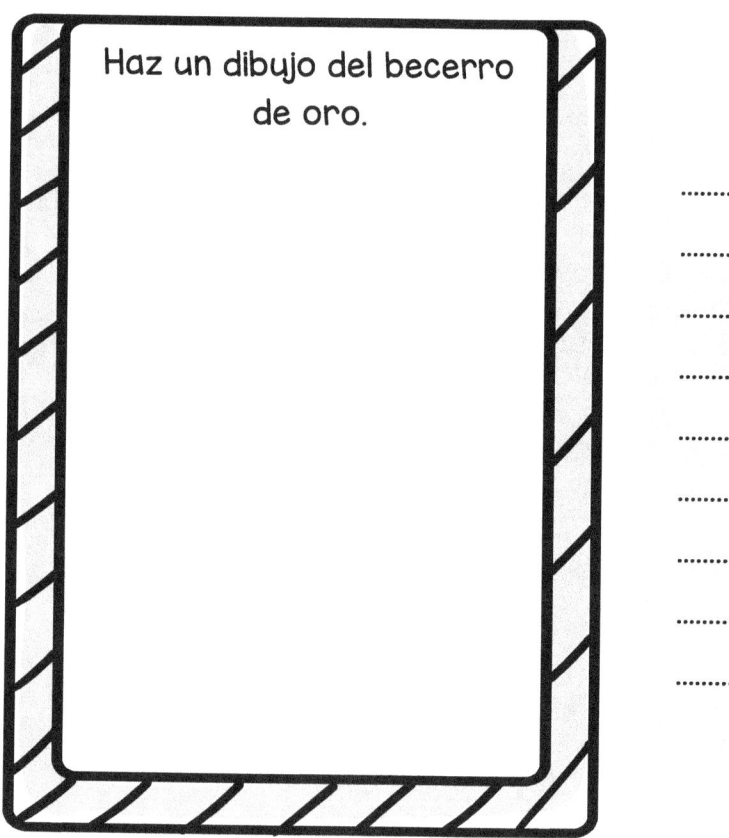

Haz un dibujo del becerro de oro.

Si el becerro de oro fuera un libro, la portada se vería así…

....
....
....
....
....
....
....
....
....

Si hubieras tenido que vivir en una carpa en el desierto, ¿qué cosas hubieras llevado contigo?

....
....
....
....
....
....

Si el becerro de oro fuera un libro, la portada se vería así…

El TORO APIS

En el antiguo Egipto, muchas personas adoraban al toro Apis. Este toro era el más popular de los tres grandes cultos al toro porque simbolizaba la gran fuerza y el espíritu de lucha de un rey. Los toros eran símbolos de fuerza y fertilidad, cualidades asociadas con la realeza. Algunos estudiosos de la Biblia creen que los israelitas adoraron un toro Apis de oro en el desierto (el becerro de oro) después de que Dios los sacó de Egipto. Haz tu propia investigación y escribe tres datos interesantes sobre el toro Apis en el espacio a continuación. Etiqueta las partes de un toro.

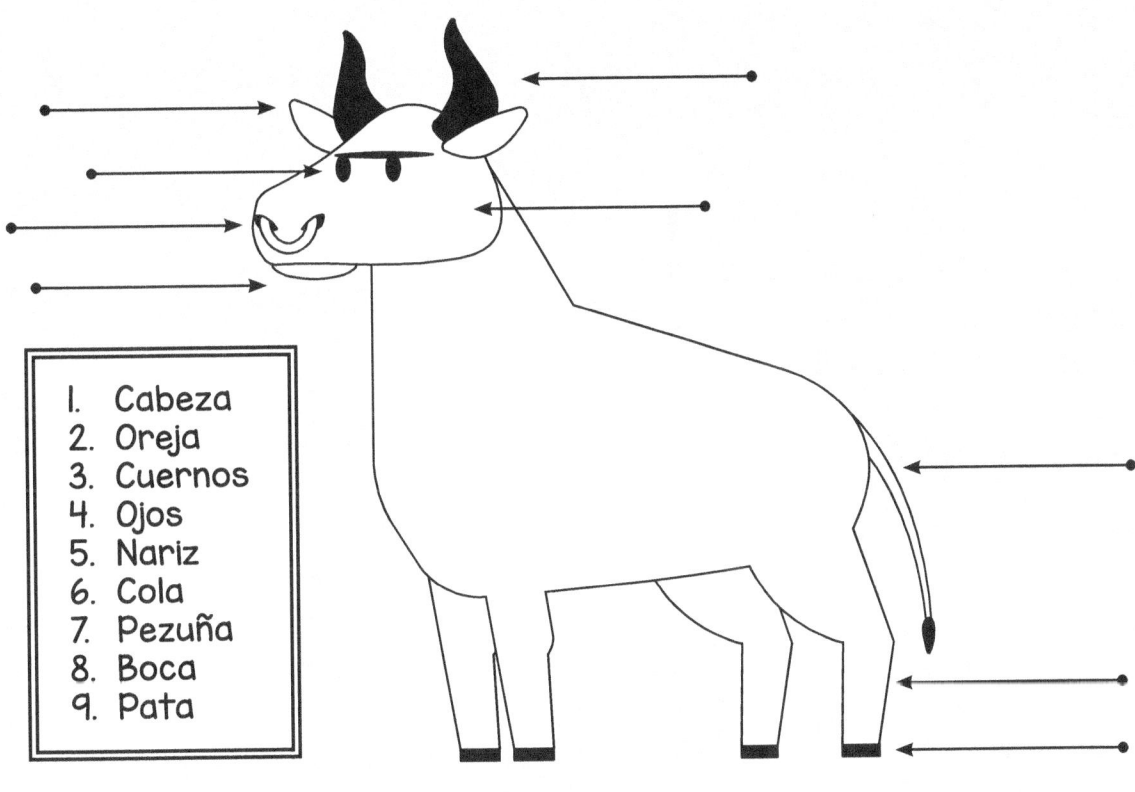

1. Cabeza
2. Oreja
3. Cuernos
4. Ojos
5. Nariz
6. Cola
7. Pezuña
8. Boca
9. Pata

✳ ¡3 datos sobre el toro Apis!

....

....

....

LECCIÓN 4 | Plan de la lección
El tabernáculo

Docente: _____

El pasaje de la Biblia de hoy: Éxodo 31:1-11 y 35:4-40:38

Oración de bienvenida:
Rece una simple oración con los niños antes de empezar la lección.

Objetivos de la lección:
En esta lección, los niños aprenderán:
1. De dónde salieron los materiales para construir el tabernáculo
2. Cómo los israelitas construyeron el tabernáculo y sus muebles

¿Lo sabías?
Se usaron casi 15 toneladas de oro, plata y cobre (o bronce) para construir el tabernáculo y sus muebles.

Resumen de la lección de la Biblia:
Dios le dio instrucciones a Moisés para construir un tabernáculo para que Él pudiera vivir entre ellos. Todas las personas que querían dar vinieron y trajeron un regalo. Estos regalos se usaron para hacer el tabernáculo, todo lo que había en el tabernáculo y la ropa especial que debían usar los sacerdotes. Dios les dio a hombres como Bezalel y Aholiab habilidades especiales para enseñarle a la gente cómo construir el tabernáculo. Los israelitas escucharon atentamente y lo construyeron de acuerdo con las instrucciones exactas de Dios. Entonces Dios continuó enseñando a Su pueblo cómo seguir Sus Caminos, no los caminos de Egipto.

Repasemos:

Preguntas para hacer a sus estudiantes:

1. ¿A cuáles dos hombres se le dio habilidades especiales para construir el tabernáculo?
2. ¿Cómo Moisés reunió suficientes materiales para construir el tabernáculo?
3. ¿Qué se guardaba dentro del arca de la alianza?
4. ¿Puedes nombrar los Tiempos Designados (Fiestas) de Dios?
5. ¿De qué tipo de madera estaba hecha el arca de la alianza?

 Un versículo de memoria para ayudar a los niños a recordar la Palabra de Dios:

"Todo sabio de corazón de entre vosotros vendrá y hará todas las cosas que Dios ha mandado" (Éxodo 35:10).

 **Actividades:**

Cuestionario de la Biblia: El tabernáculo
Verso para colorear: El tabernáculo
Hoja de trabajo: El arca de la alianza
Manualidad de la Biblia: El pectoral del sumo sacerdote
Manualidad de la Biblia: Haz tu propio shofar
Actividad del mapa: El tabernáculo
Hoja de trabajo: Lugar Santísimo
Hoja de trabajo: El tabernáculo
Empareja el versículo de la Biblia
Manualidad de la Biblia: Haz un móvil del tabernáculo
Hoja de trabajo de comprensión: El tabernáculo
Hoja de trabajo: La vara de Aarón
Hoja de trabajo para colorear: El tabernáculo
Hoja de trabajo: Decora tu propia sucá

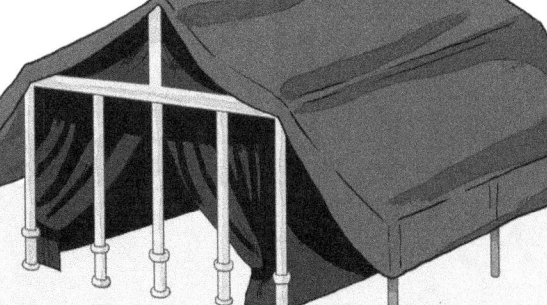

 Oración final:

Termine la lección con una pequeña oración.

El TABERNÁCULO

Lee Éxodo 26:1-31:18. Responde las siguientes preguntas

1. ¿Quién fue el primer sumo sacerdote?

2. ¿Cuál era el propósito del tabernáculo?

3. ¿Dónde estaba ubicado el propiciatorio?

4. ¿De qué estaba hecho el propiciatorio?

5. ¿De cuál tribu de Israel se elegían los sacerdotes?

6. ¿A cuáles dos hombres se les dio la tarea de construir el tabernáculo?

7. ¿En qué libro de la Torá puedes encontrar instrucciones para construir el tabernáculo?

8. ¿Qué aceite se usó para mantener las lámparas encendidas en el tabernáculo?

9. ¿Cuál era el propósito del altar de bronce?

10. ¿Con qué tipo de madera se hizo el arca de la alianza?

"y harán un santuario para mí, y habitaré en medio de ellos."

(Éxodo 25:8)

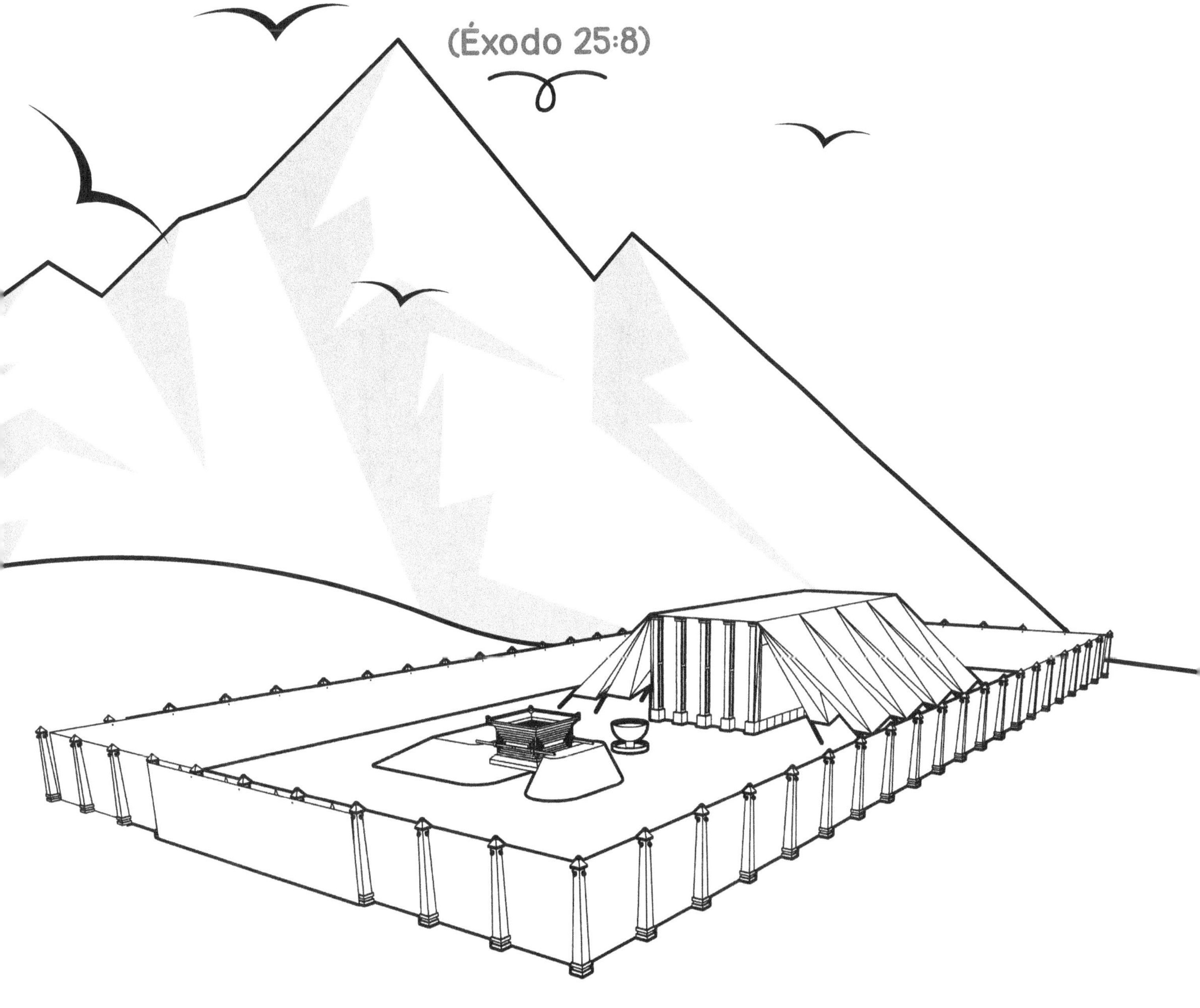

El arca de la alianza

Lee Éxodo 25:1-22. Este pasaje de la Biblia describe las medidas del arca de la alianza y el propiciatorio. Completa los espacios en blanco. Colorea el arca.

Medidas para el propiciatorio:

.... de largo

.... de ancho

Medidas para el arca:

.... de largo

.... de ancho

.... de alto

El arca y las varas estaban hechas de ....

El arca y las varas estaban recubiertas de ....

Los anillos, el propiciatorio y los querubines estaban hechos de ....

Había .... querubines, ... anillos y .... varas.

El .... estaba colocado dentro del arca.

El tabernáculo

Lee Éxodo 36-39.

Etiqueta los muebles en el tabernáculo. ¿A qué parte del tabernáculo
el sumo sacerdote entra una vez al año para hacer expiación por el pueblo?

a) Lugar Santísimo

b) Velo

c) Altar del incienso

d) Mesa de los panes de la proposición

e) Arca de la alianza

f) Menorá

g) Lavacro

h) Altar de bronce

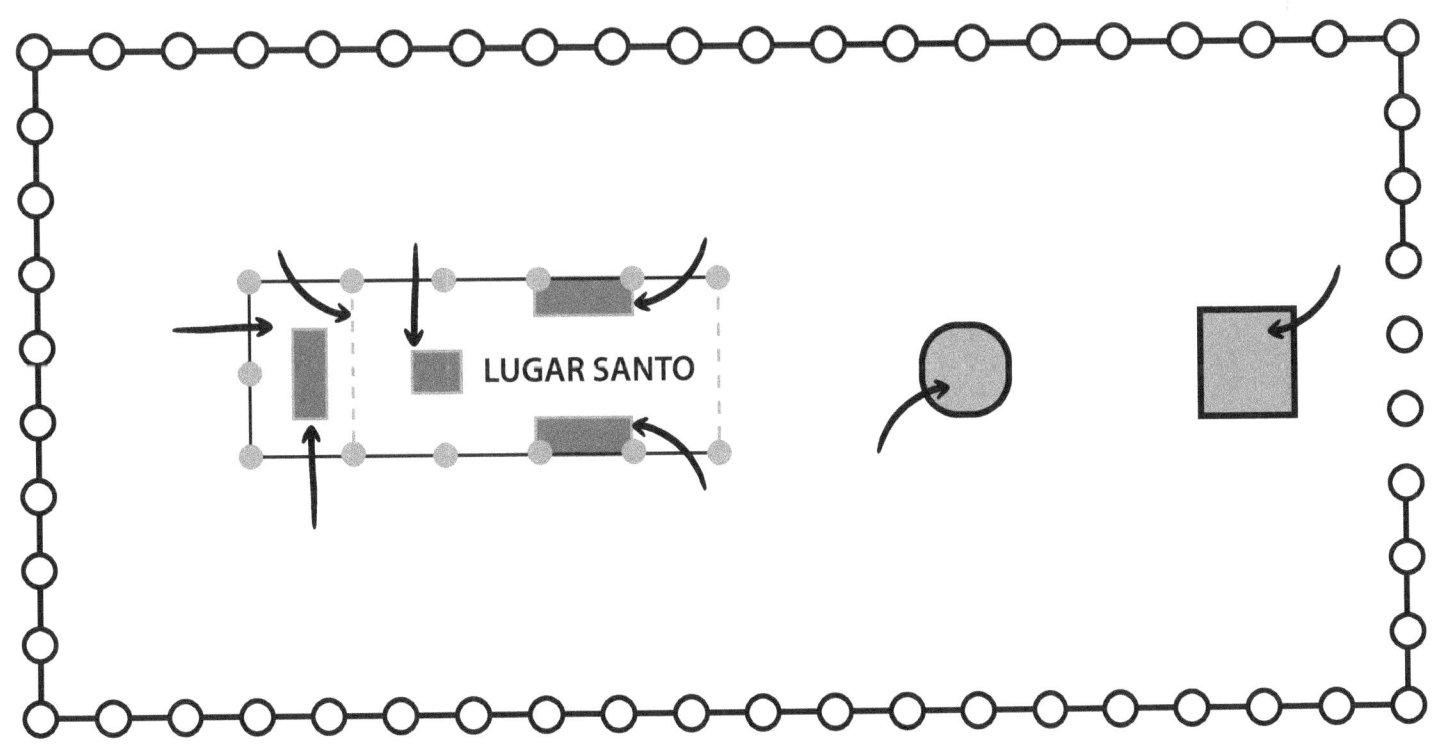

LUGAR SANTO

Lugar Santísimo

El cuarto conocido como el Lugar Santísimo era el área más sagrada del tabernáculo (y el futuro templo en Jerusalén). Estaba separado del resto del tabernáculo por el velo, una cortina grande y pesada hecha de lino fino e hilo azul, púrpura y escarlata, y bordada con querubines de oro. Nadie podía entrar excepto el sumo sacerdote, e incluso él solo podía entrar una vez al año en el Día de la Expiación (Yom Kippur) para ofrecer la sangre del sacrificio y el incienso ante el propiciatorio. Al hacerlo, el sumo sacerdote expía sus propios pecados y los del pueblo. Esta fue una prefiguración de Cristo, quien se convertiría en el sumo sacerdote para todos.

El Lugar Santísimo contenía el arca de la alianza, hecha de oro puro con dos querubines custodiando el propiciatorio. Dentro estaban las dos tablas de piedra inscritas con los mandamientos de Dios, la vara de almendro de Aarón (Números 17:8) y una olla de maná (Hebreos 9:4). El arca estaba cubierta con una tapa hecha de oro puro (Éxodo 37:6), conocida como el "propiciatorio".

1. Lee Levítico 23. ¿Qué les ordenó Dios a los israelitas que hicieran cada año en el Día de la Expiación (Yom Kippur)?

2. ¿Honras el Día de la Expiación? Si es así, ¿cómo lo haces?

3. Encuentra dos versículos de la Biblia en Éxodo 25 que mencionen el propiciatorio.

Arca de la alianza

El tabernáculo

Escribe una lista de
los muebles
del tabernáculo.

....

....

....

....

....

....

....

....

Imagina que eres un israelita viviendo en
el desierto. ¿Qué regalos hubieras dado
para construir el tabernáculo?

....

....

....

....

....

....

....

Lee Éxodo 35. ¿Qué habilidades
les fueron dadas a Bezalel
y Aholiab?

....

....

....

....

....

....

Haz un dibujo del tabernáculo.

El tabernáculo

El tabernáculo era un lugar sagrado donde Dios se encontraba con los israelitas durante los cuarenta años que vivieron en el desierto. Representaba el trono de Dios en la tierra y simbolizaba a Dios morando entre Su pueblo. Era aquí donde los israelitas se reunían para adorar a Dios y ofrecer sacrificios. El tabernáculo era una estructura parecida a una tienda cubierta por pieles de animales rodeada por una cerca de lino blanco. El tabernáculo en sí estaba dividido en dos lugares, el Lugar Santo y el Lugar Santísimo, y solo los sacerdotes podían entrar en estas áreas. Todo el mobiliario del Lugar Santo estaba hecho de oro, tal como Dios lo había mandado.

El trabajo de los levitas era llevar el tabernáculo y colocarlo dondequiera que acamparan los israelitas. Cuando los levitas erigieron el tabernáculo, lo colocaron en el centro del campamento. Moisés, Aarón y los sacerdotes acamparon en el lado este junto a la entrada, y las otras tribus de Israel se agruparon en cuatro campamentos alrededor de la valla exterior del tabernáculo.

1. ¿A qué lugares solo podían entrar los sacerdotes?

....

2. ¿De quién era el trabajo de llevar el tabernáculo de un lugar a otro?

....

....

¡Colorea el tabernáculo!

La vara de AARÓN

La vara o bastón de Aarón era de una rama de almendro, tomada de un almendro en el desierto. Un día, Moisés entró en el tabernáculo y encontró que la vara de Aarón había brotado. "…vino Moisés al tabernáculo del testimonio; y he aquí que la vara de Aarón de la casa de Leví había reverdecido, y echado flores, y arrojado renuevos, y producido almendras" (Números 17:8). Etiqueta las partes de un almendro. Escribe tres datos interesantes sobre las almendras en el espacio a continuación.

I. Semilla sin madurar	3. Hoja	5. Almendra
2. Cáscara	4. Concha	6. Flor

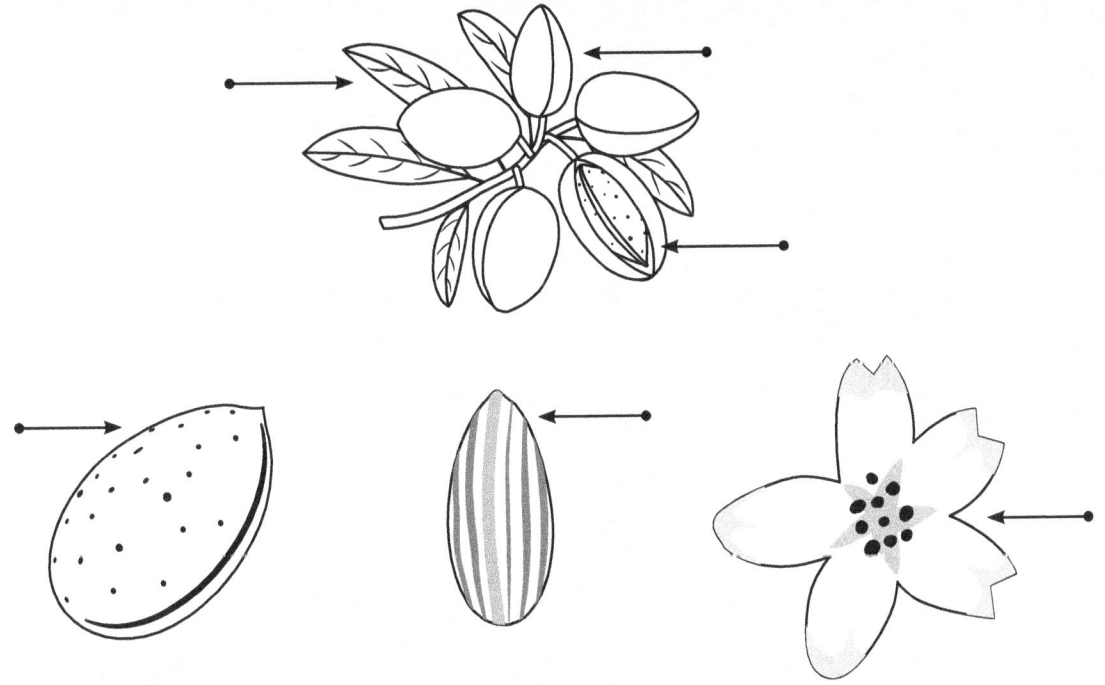

✳ ¡3 datos sobre la almendra!

....

....

....

El tabernáculo

Lee Éxodo 35:1-38:20. Escribe un breve resumen de este pasaje de la Biblia.

....

....

....

1. ¿Qué tipo de artesanos fueron elegidos para construir el tabernáculo?

....

....

2. ¿Cuántas ramas hay en la menorá?

....

....

3. ¿Qué metal se usó para hacer las estacas de la carpa?

....

....

Dibuja tu escena favorita de este pasaje de la Biblia.

Doy generosamente a Dios al…	¿Qué dieron los israelitas para construir el tabernáculo?
....	....
....	....

Decora tu propia sucá

Mientras Moisés y los israelitas estaban en el desierto, vivían en tiendas o carpas. Hoy, durante la Fiesta de los Tabernáculos (Sukkot), los israelitas en todas partes recuerdan este Tiempo Designado viviendo en viviendas temporales llamadas 'sukkahs', o sucá. Diviértete decorando tu propia sucá. Las decoraciones comunes de sucá incluyen flores de colores, frutas, verduras, ramas de palma, calabazas, maíz indio, linternas, obras de arte y banderines.

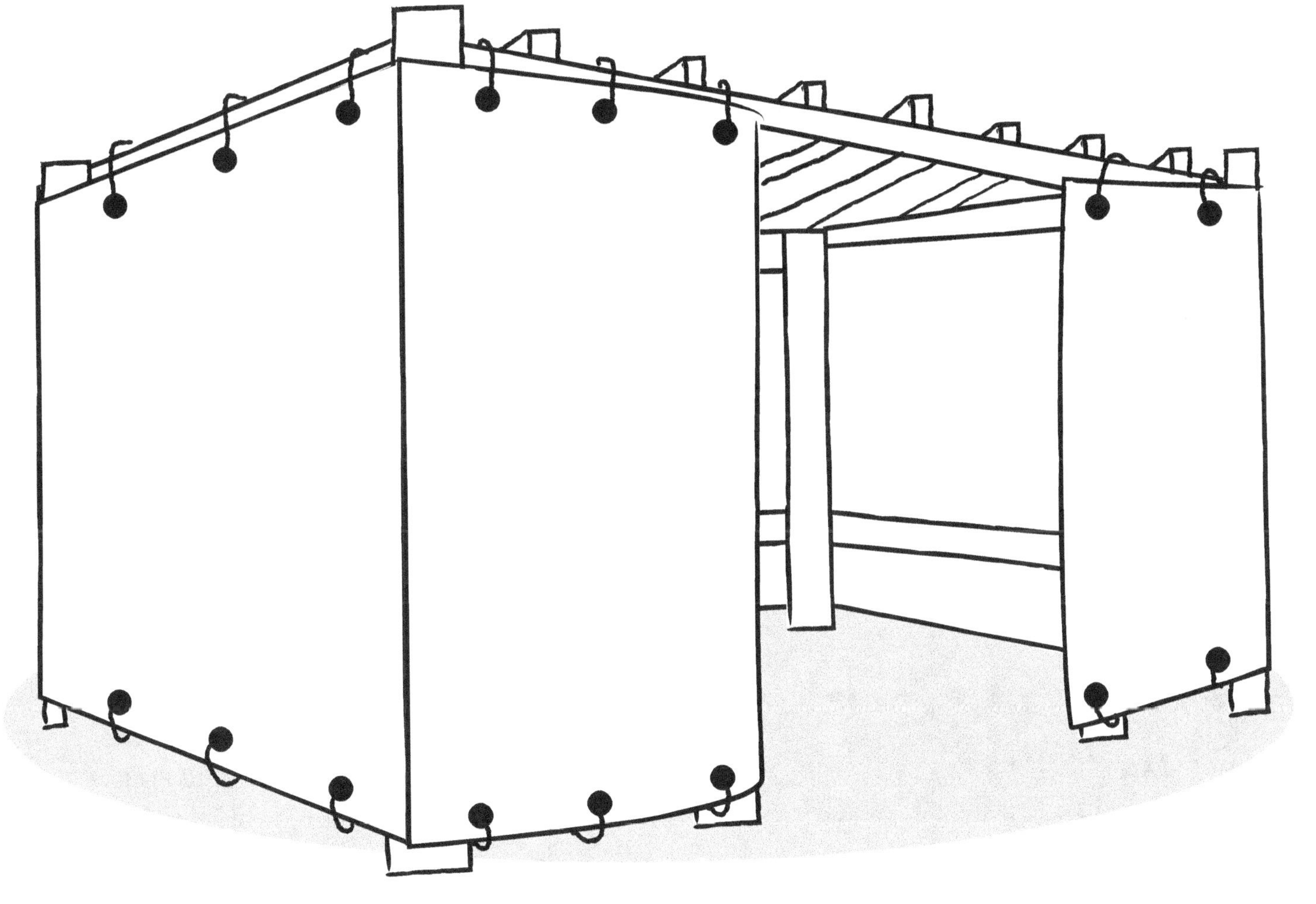

LECCIÓN 5 | Plan de la lección
Espías en Canaán

Docente: _____

El pasaje de la Biblia de hoy: Números 13:1-14:38

Oración de bienvenida:
Rece una simple oración con los niños antes de empezar la lección.

Objetivos de la lección:
En esta lección, los niños aprenderán:
1. Qué hombres fueron a espiar la tierra de Canaán
2. Qué vieron los espías en la tierra de Canaán

¿Lo sabías?
Después de que Moisés murió, Josué se convirtió en el líder de los israelitas. En el idioma hebreo, Josué se traduce como Ye'hoshua, que significa "Dios es Salvación".

Resumen de la lección de la Biblia:
Dios les dijo a los israelitas que les daría la Tierra Prometida. Le dijo a Moisés: "Envía doce hombres a explorar la tierra de Canaán". Entonces, Moisés eligió un líder de cada una de las doce tribus de Israel. Los hombres fueron a la tierra de Canaán por 40 días. ¡Se encontraron con una gran sorpresa! Las frutas eran grandes, las ciudades eran grandes y algunas personas eran tan altas como cedros. ¡No podían creer lo que veían! Cuando regresaron al campamento, diez de los espías le dijeron a Moisés: "Gigantes habitan la tierra. Éramos como saltamontes para ellos. No podemos luchar contra ellos". Solo dos espías, Josué y Caleb, creyeron lo que Dios había dicho.

Repasemos:

Preguntas para hacer a sus estudiantes:

1. ¿Cómo Moisés eligió a los doce espías?
2. ¿Qué vieron los espías en la tierra de Canaán?
3. ¿Cuáles fueron los dos espías que creyeron que Dios ayudaría a los israelitas?
4. ¿Cómo Dios castigó a los diez espías que no creyeron en Él?
5. ¿Por qué Dios no dejó que Moisés y Aarón entraran a la Tierra Prometida?

 Un versículo de memoria para ayudar a los niños a recordar la Palabra de Dios:

"Nosotros llegamos a la tierra a la cual nos enviaste, la que ciertamente fluye leche y miel" (Números 13:27).

 ## Actividades:

Página para colorear: Los nefilim
Escritura creativa: Espías en Canaán
Cuestionario de la Biblia: Doce espías
Laberinto: Espías en Canaán
Sopa de letras de la Biblia: Espías en Canaán
Completa la imagen: Espías en Canaán
Manualidad de la Biblia: Espía la tierra de Canaán
Hoja de trabajo de comprensión: ¿Quiénes fueron los gigantes?
Hoja de trabajo: ¿Lo sabías?
Pregunta y colorea: Los nefilim
Actividad de la Biblia: Frutas de la tierra
Hoja de trabajo: Espías enviados a Canaán
Hoja de trabajo: ¿Quién lo dijo?
Hoja de trabajo para colorear: Doce espías

 ## Oración final:

Termine la lección con una pequeña oración.

"**También vimos allí gigantes, hijos de Anac, raza de los gigantes...**"

(Números 13:33)

Espías en Canaán

Lee Números 13:1-33. Imagina que eres uno de los doce espías.
Describe tu viaje a la tierra de Canaán. ¿Qué viste?

....

....

....

....

....

....

....

....

....

....

....

....

Doce ESPÍAS

<u>Lee Números 13:1-33</u>. Responde las siguientes preguntas.

1. ¿Cuántas tribus de Israel acamparon en el desierto?

2. ¿Dónde acamparon las tribus?

3. ¿Cuántos espías envió Moisés a Canaán?

4. ¿Qué ruta les dijo Moisés a los espías que tomaran?

5. ¿Qué les pidió Moisés a los espías que trajeran de Canaán?

6. ¿Qué tipo de gente vieron los espías en Canaán?

7. ¿Qué tribu de enemigos encontraron los espías en Canaán?

8. ¿Durante cuántos días los espías exploraron la tierra?

9. ¿Qué frutas trajeron los espías de Canaán?

10. ¿Cuáles dos espías querían ir y conquistar Canaán?

Espías en Canaán

Ayuda a los espías a encontrar el camino a la tierra de Canaán.

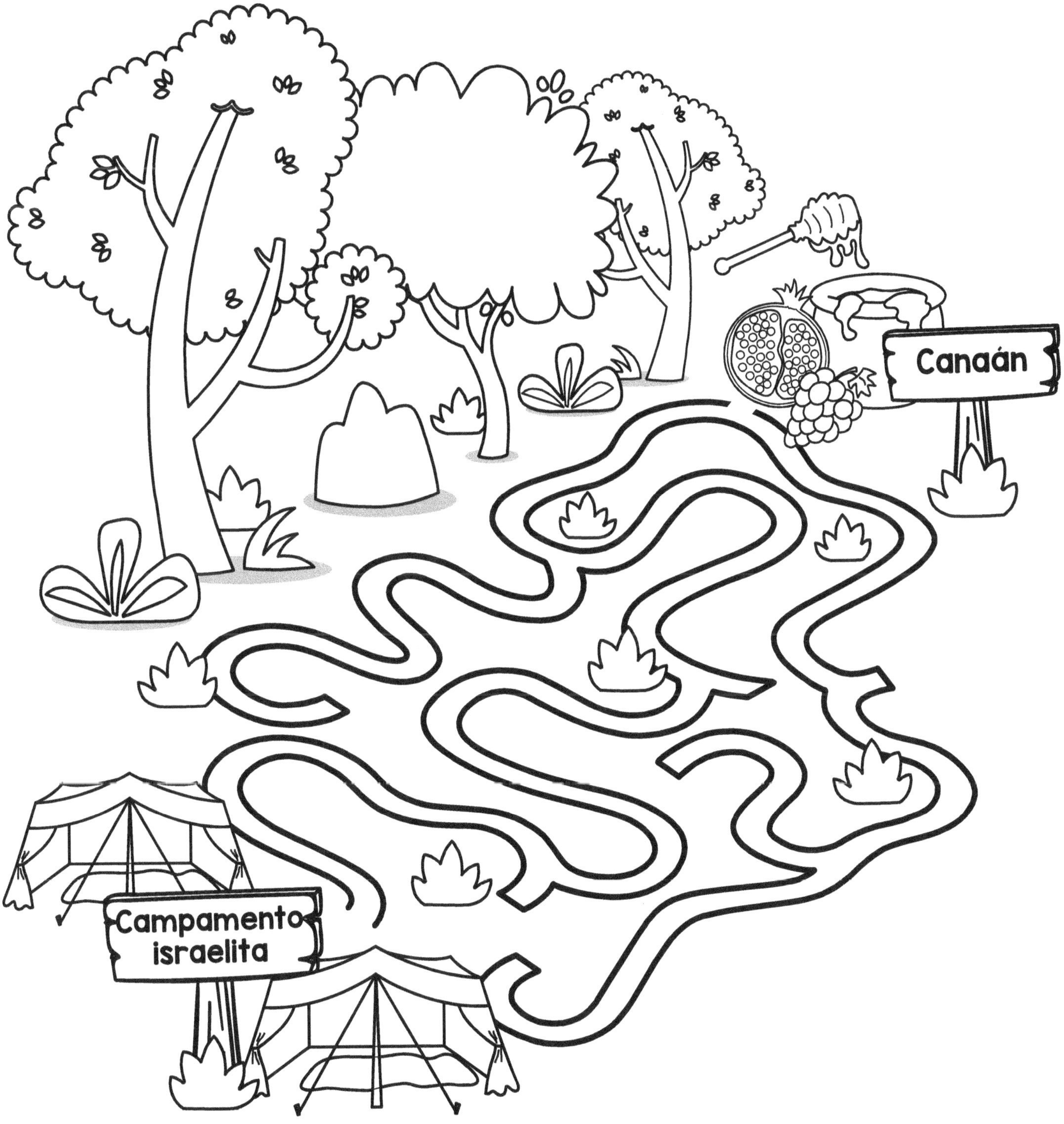

Canaán

Campamento israelita

Espías en CANAÁN

Lee Números 13:1-33.
Encuentra y encierra en un círculo las siguientes palabras.

```
U V A S X Z S N F N P Z C D T
P E G I G A N T E S V T B O S
N C X L E L M M E G G V Y C Y
P A L P R O Z O O N D K J E K
H I Z V L Z Q E I E Q O N T C
C C Q P N O B L H S L S E R N
X A E B N L R J P O É C F I G
L A L V V G G A I L S S I B R
L Q G E Q F L C R N Q U L U A
U Y H V B B X E U V M S I S N
O N G K G O Q J E K A X M G A
F Z I S R A E L I T A S R I D
T I E R R A D E C A N A Á N A
K E A V P L O J O S U É Z A S
O A A O I R I P D L U U Y Y W
```

JOSUÉ

MOISÉS

CALEB

EXPLORAR

NEFILIM

GRANADAS

GIGANTES

ISRAELITAS

UVAS

DOCE TRIBUS

TIERRA DE CANAÁN

Espías en Canaán

Doce espías fueron a espiar la tierra de Canaán.
"Y llegaron hasta el arroyo de Escol, y de allí cortaron un sarmiento con un racimo de uvas, el cual trajeron dos en un palo…" (Números 13:23).
Dibuja dos espías para completar la imagen.

Espía la tierra de Canaán

Necesitarás:

1. 2 tubos de papel higiénico
2. Papel blanco o de color
3. Tijeras (solo adultos)
4. Rotuladores o creyones
5. Pegamento escolar, cinta adhesivo o pegamento en barra
6. Perforador
7. Hilo o cuerda

Instrucciones:

1. Pegar un papel blanco o de color alrededor de cada tubo de papel higiénico
2. Que el niño decore cada tubo de papel higiénico.
3. Pegar los dos tubos usando un trozo de cinta adhesiva en cada extremo.
4. Hacer un agujero en la parte exterior de cada tubo. Pasa un hilo o cuerda a través de los agujeros para crear una cinta para el cuello.

1.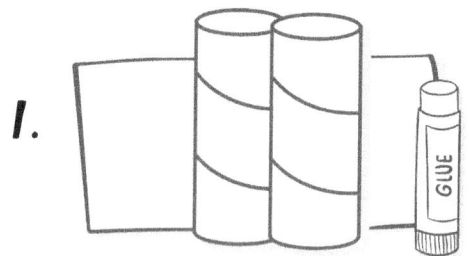

2.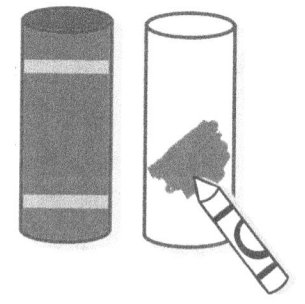

3.

4.  ¡Ta-da!

¿Quiénes eran los gigantes?

Según la Biblia y antiguas leyendas, existía una raza de gigantes y superhéroes conocida como los Nefilim que cometían actos de gran maldad. Los Nefilim eran seres enormes. Registros antiguos y esqueletos encontrados en todo el mundo muestran que medían hasta 20 pies de alto (6 metros). Por ejemplo, un esqueleto encontrado en 1692 en una tumba en Francia medía 17 pies de alto (5 metros), y en 1833, los soldados que cavaban un hoyo en Lompock Rancho, California, Estados Unidos, descubrieron un gigante de 12 pies (3,6 metros) con una doble fila de dientes. Alrededor de 1950, se descubrieron tumbas que contenían gigantes de 14 a 16 pies de altura (4 a 5 metros) en el sureste de Turquía.

Los Nefilim eran más que simplemente grandes; también eran violentos y malvados. Algunos tenían doble hilera de dientes y seis dedos en cada mano o pie (2 Samuel 21:20). El nefilim más famoso de la Biblia fue Goliat de Gat. Medía más de 9 pies de alto (2,7 metros) y solo su cota de malla de bronce pesaba más de 150 libras (68 kilogramos).

1. Indica tres lugares donde se han encontrado esqueletos de Nefilim.

....

2. Indica dos diferencias físicas entre los Nefilim y los seres humanos.

....

....

3. ¿Crees que los Nefilim existieron? ¿Por qué sí / no?

....

¡Colorea el gigante!

¿Lo sabías?

Og, el rey de Basán, era un gigante.
Su cama era de más de 13 pies (4 metros) de largo y 6 pies
(1,8 metros) de ancho (Deuteronomio 3:8-13).

Lee Números 13:1-33. ¿Cómo crees que se veían los gigantes?
Haz un dibujo de gigantes en la tierra de Canaán.

Los Nefilim

Abre tu Biblia y lee Números 13:1-33.
Responde las preguntas. Colorea la imagen.

1. ¿Por cuánto tiempo los espías exploraron la tierra de Canaán?

....

....

....

2. ¿Los descendientes de quién procedían de los Nefilim?

....

....

....

3. ¿Con qué insecto se compararon los espías?

....

....

....

Espías enviados a Canaán

Dios le habló a Moisés, y dijo: "'Envía tú hombres que reconozcan la tierra de Canaán, la cual yo doy a los hijos de Israel; de cada tribu de sus padres enviaréis un varón, cada uno príncipe entre ellos'. Y Moisés los envió desde el desierto de Parán, conforme a la palabra de Dios; y todos aquellos varones eran príncipes de los hijos de Israel. Estos son sus nombres…" (Números 13:2-4). ¿A qué jefes envió Moisés a la tierra de Canaán? Lee Números 13. Escribe los nombres de los jefes y sus tribus a continuación.

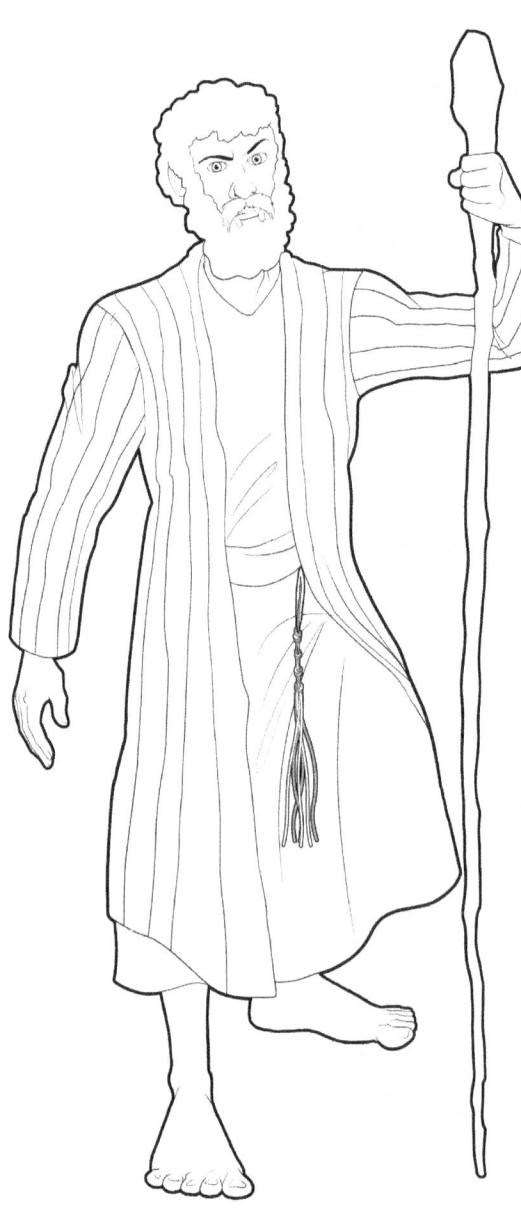

1. ....

2. ....

3. ....

4. ....

5. ....

6. ....

7. ....

8. ....

9. ....

10. ....

11. ....

12. ....

Doce espías

Lee Números 13:1-33. Escribe un breve resumen de este pasaje de la Biblia.

....

....

....

1. ¿Cuántos espías fueron a Canaán?

....

....

2. ¿Qué frutas encontraron los espías?

....

....

3. ¿Por cuántos días los espías exploraron Canaán?

....

....

Dibuja tu escena favorita de esta historia.

¿Qué puede enseñarme la vida de Moisés?

....

....

Dios usó a Josué y Caleb para...

....

....

Manualidades y Proyectos

Empareja el versículo de la Biblia

Lee Éxodo 12:39-15:21. Colorea y recorta cada imagen bíblica.
Empareja la imagen con el versículo de la Biblia correcto.

1.

"No temáis; estad firmes, y ved la salvación que Dios hará hoy con vosotros"
– Éxodo 14:13

2.

"Y endureció Dios el corazón de faraón rey de Egipto, y él siguió a los hijos de Israel"
– Éxodo 14:8

3.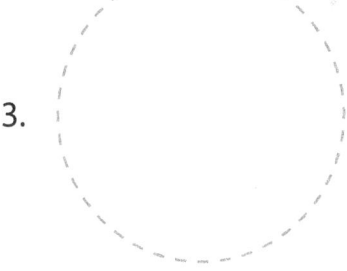

"Y cocieron tortas sin levadura de la masa que habían sacado de Egipto…"
– Éxodo 12:39

4.

"Cantad a Yahweh, porque en extremo se ha engrandecido; Ha echado en el mar al caballo y al jinete"
– Éxodo 15:21

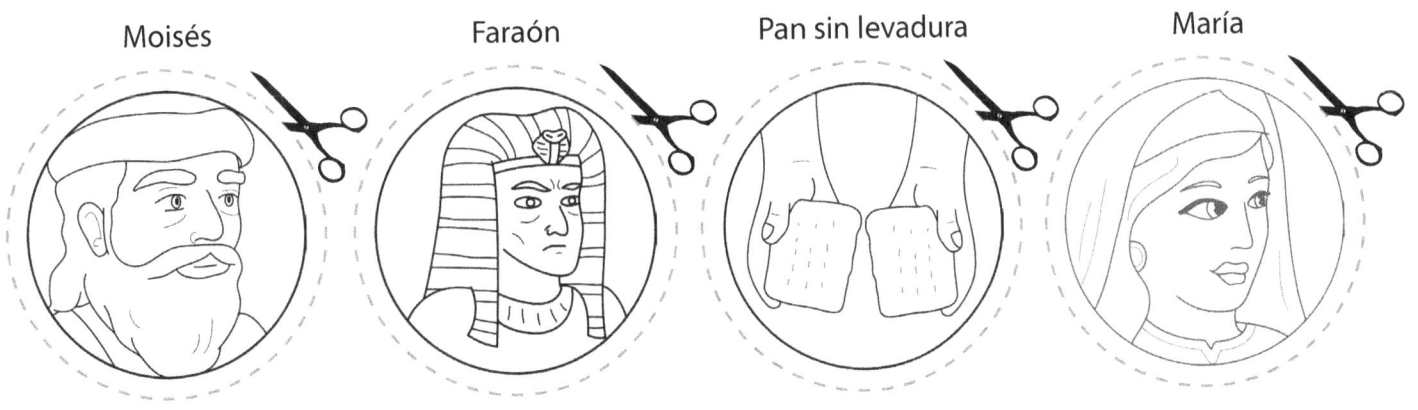

Moisés   Faraón   Pan sin levadura   María

Manualidad de los diez mandamientos

Instrucciones:

Esta manualidad tiene dos secciones:

1. Diez mandamientos
2. Dos tablas

Necesitarás:

1. Pintura o creyones color gris.
2. Rotuladores, creyones o lápices para colorear.
3. Tijeras (solo adultos)
4. Barras de pegamento extrafuerte o pegamento escolar.

Instrucciones:

1. Recorta o imprime las páginas de los círculos de mandamientos. Colorea los círculos.
2. Recorta o imprime las páginas de las dos tablas.
3. Recorta cada mandamiento por el borde punteado.
4. Junta las tablas colocando pegamento a lo largo de la lengüeta que dice "pega aquí" y uniéndolas.
5. Pega los mandamientos en el orden numérico en las dos tablas de madera, cinco de cada lado.

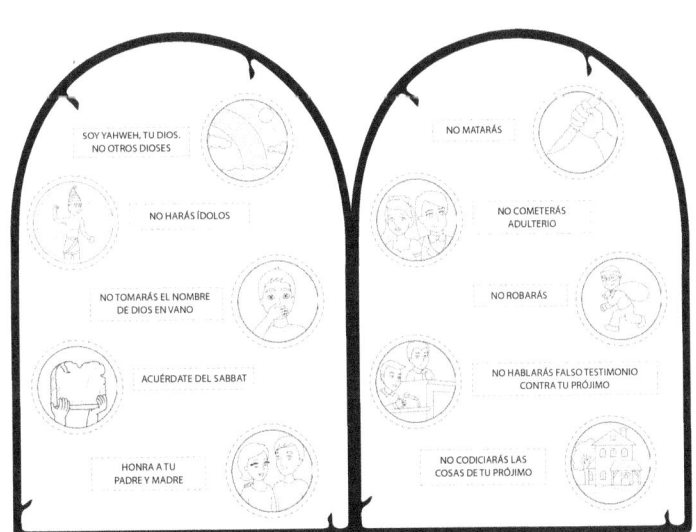

SOY YAHWEH, TU DIOS.
NO OTROS DIOSES

NO HARÁS ÍDOLOS

NO TOMARÁS EL NOMBRE
DE DIOS EN VANO

ACUÉRDATE DEL SABBAT

HONRA A TU
PADRE Y MADRE

NO MATARÁS

NO COMETERÁS
ADULTERIO

NO ROBARÁS

NO HABLARÁS FALSO TESTIMONIO
CONTRA TU PRÓJIMO

NO CODICIARÁS LAS
COSAS DE TU PRÓJIMO

PEGA AQUÍ

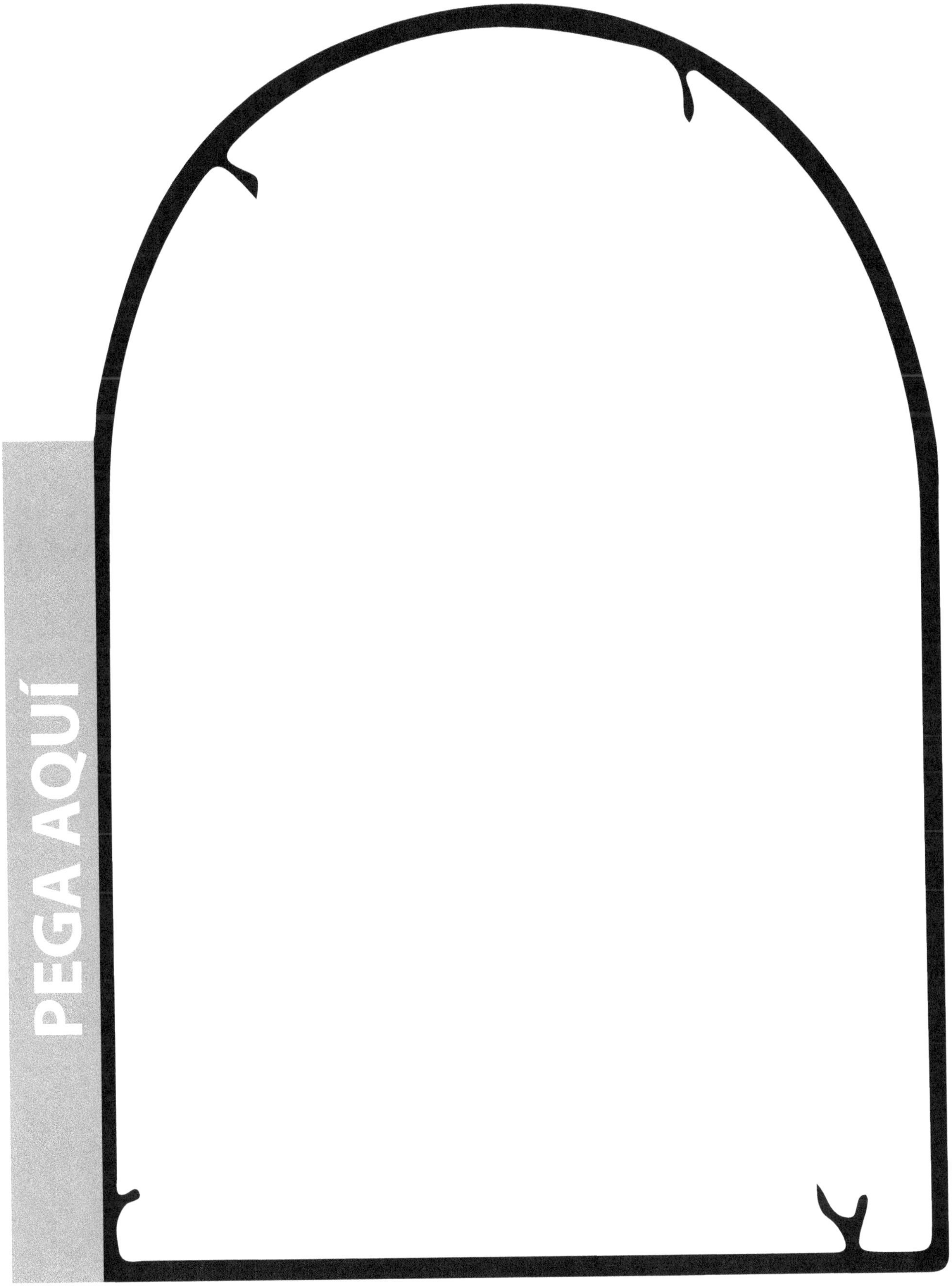

Manualidad del becerro de oro

Necesitarás:

1. Un plato de papel o cartón
2. Cartulina gruesa
3. Pintura, rotuladores o creyones color Amarillo
4. Dos pinzas de ropa de madera
5. Tijeras (solo adultos)
6. Pegamento en barra o escolar

Instrucciones:

1. Copia o imprime la plantilla de becerro que está en la siguiente página. Pega en cartulina gruesa. Que el niño coloree de amarillo.
2. Recorta la cabeza del becerro.
3. Colorea de amarillo la parte de abajo del plato de papel. Dóblalo por la mitad y asegúralo con los dos ganchos de ropa, que serán sus patas.
4. Pega la cabeza del becerro del lado derecho del plato de papel.

1.

2.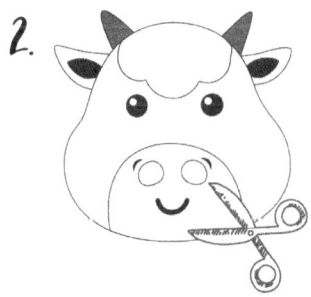

3.

4.  ¡Ta-da!

Los israelitas hacen un becerro de oro

Colorea y recorta a las personas. Colócalas alrededor del becerro de oro.

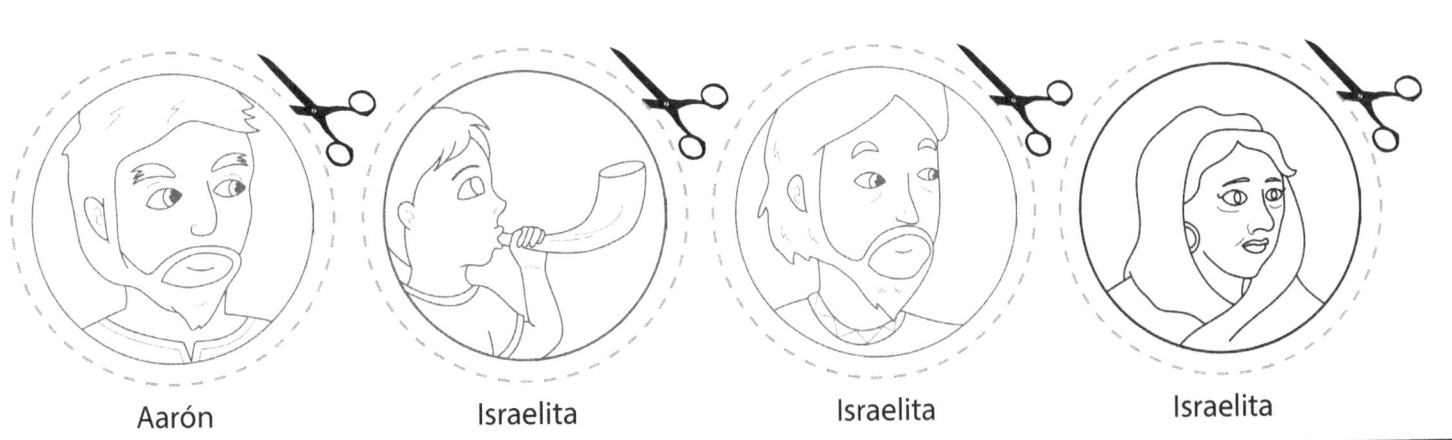

| Aarón | Israelita | Israelita | Israelita |

El pectoral del sumo sacerdote

Lee Éxodo 28. Colorea las gemas en el pectoral.
Recorta el pectoral, pasa una cuerda a través de los agujeros en las cuatro esquinas, póntelo sobre el pecho y pídele a alguien que te amarre el pectoral.

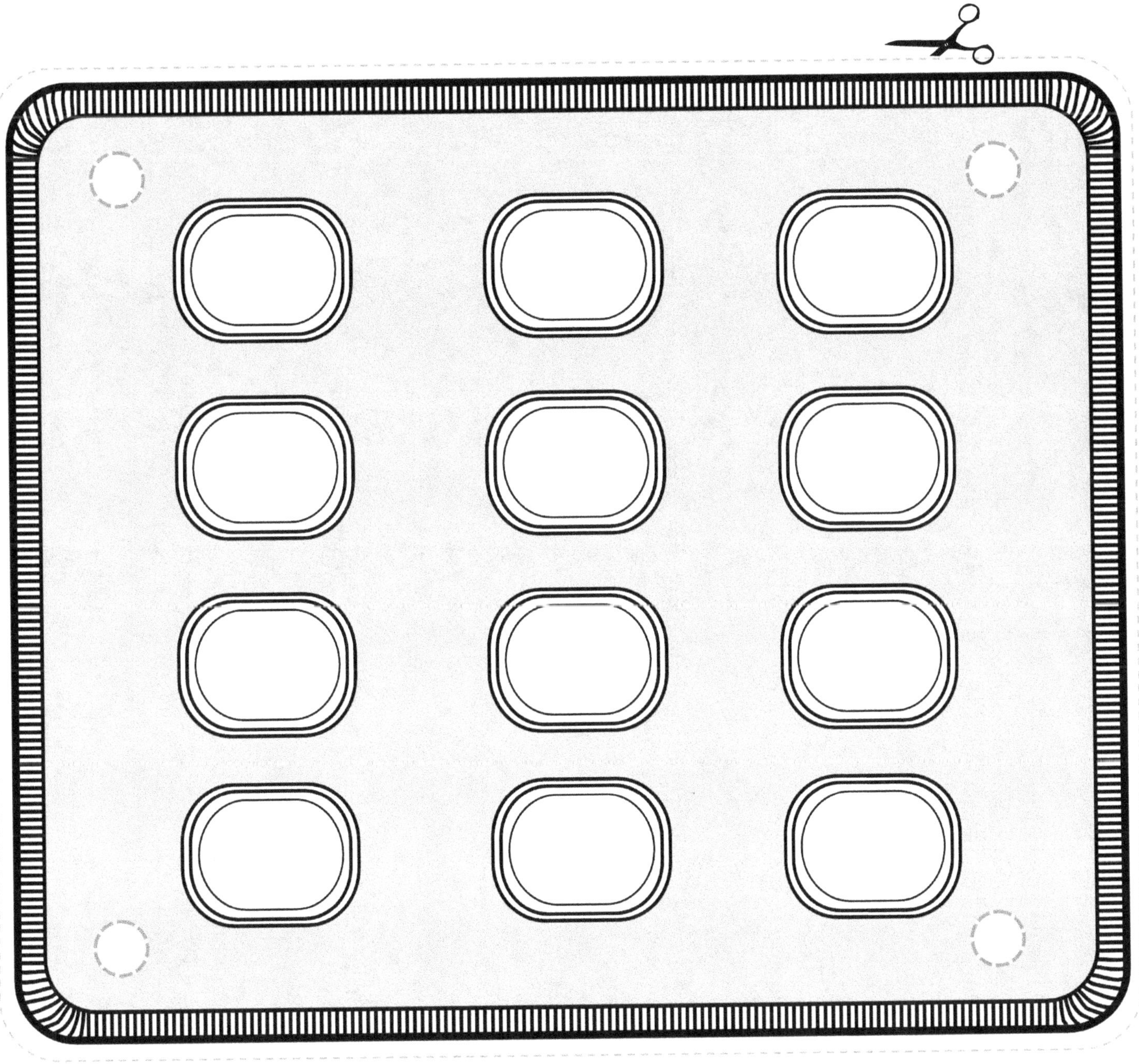

Haz tu propio shofar

Necesitarás:

1. Tres tubos de papel higiénico por shofar.
2. Un matasuegras (corneta de papel)
3. Una brocha de pintura
4. Pintura marrón y blanca
5. Cinta adhesiva (cinta de enmascarar)
6. Tijeras (solo adultos)
7. Pegamento en barra extrafuerte o pegamento escolar

Instrucciones:

1. Utiliza las tijeras para cortar a lo largo de un rollo de papel higiénico.
2. Retira el pito o silbato de plástico del matasuegras. Envuelve el tubo de cartón cortado alrededor del pito de plástico.
3. Fija el rollo de cartón al pito de plástico con cinta adhesiva.
4. Coge otros dos rollos de papel higiénico, dobla el borde para hacer un pliegue en la parte inferior (el fondo debe ser lo suficientemente pequeño como para que quepa dentro de otro rollo).
5. Coloca los rollos de papel higiénico doblados uno dentro del otro.
6. Envuelve los rollos de papel higiénico con cinta adhesiva.
7. Pinta tu shofar de rollo de papel higiénico con pintura blanca. Mientras la pintura blanca está todavía húmeda, añade toques de pintura marrón y mézclala para que tu shofar parezca un shofar de verdad.

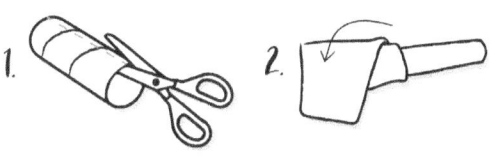
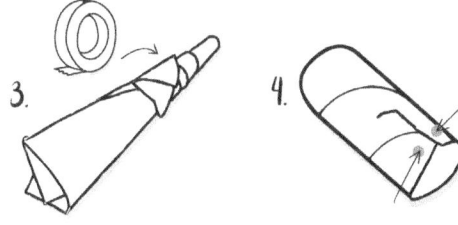
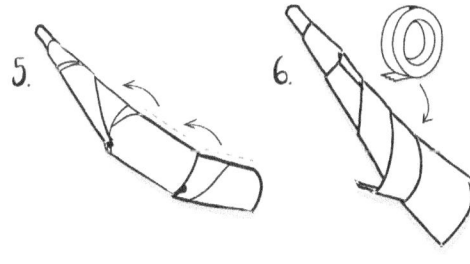

¡Ta-da!

Empareja el versículo de la Biblia

Lee Éxodo 35:1-39:1. Colorea y recorta las personas y objetos.
Empareja la imagen con el versículo de la Biblia correcto.

1.

"Tomad de entre vosotros ofrenda para Dios; todo generoso de corazón la traerá a Dios"
- Éxodo 35:5

2.

"Igualmente hizo de madera de acacia el altar del holocausto"
- Éxodo 38:1

3.

"En tabernáculos habitaréis siete días; todo natural de Israel habitará en tabernáculos" -
Levítico 23:42

4.

"...hicieron las vestiduras sagradas para Aarón, como Dios lo había mandado a Moisés"
- Éxodo 39:1

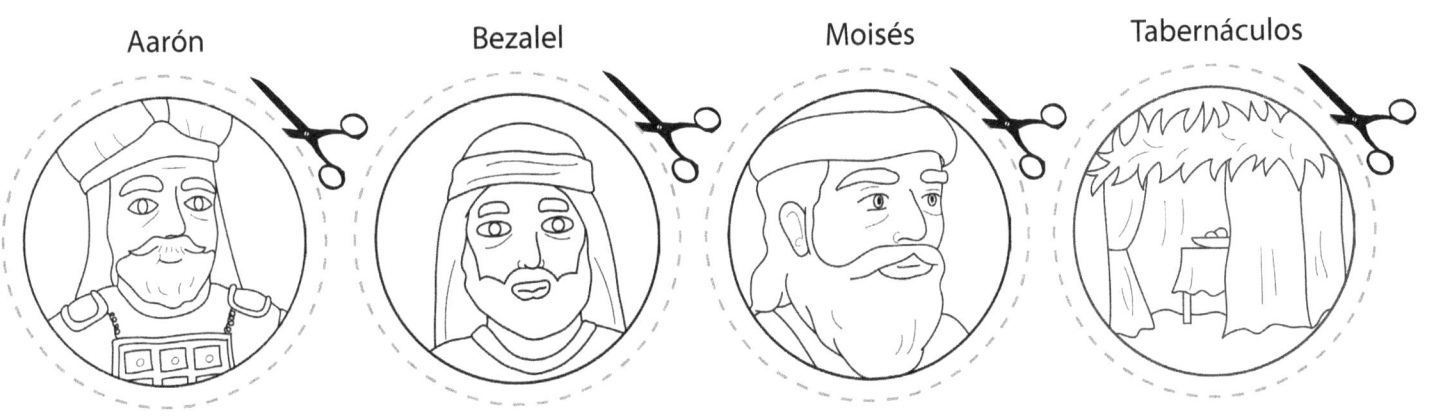

Aarón   Bezalel   Moisés   Tabernáculos

www.biblepathwayadventures.com
El Éxodo Libro de actividades
113

Haz un móvil del tabernáculo

Necesitarás:

1. Cartulina gruesa
2. Pintura, rotuladores o creyones
3. Cuerda
4. Tijeras (solo adultos)
5. Pegamento en barra o cinta adhesiva
6. Palitos de madera

Instrucciones:

1. Colorear los círculos del móvil en la siguiente página.
2. Cuando los niños hayan terminado de colorear, se debe pegar la página en cartulina gruesa. Esperar que la pega se seque.
3. Cuando todo esté seco, recortar cuidadosamente las piezas del móvil.
4. Hacer un agujero en la parte superior de cada pieza del móvil, unir las piezas con cuerda y pegarlas a un palito de madera.

¡Ta-da!

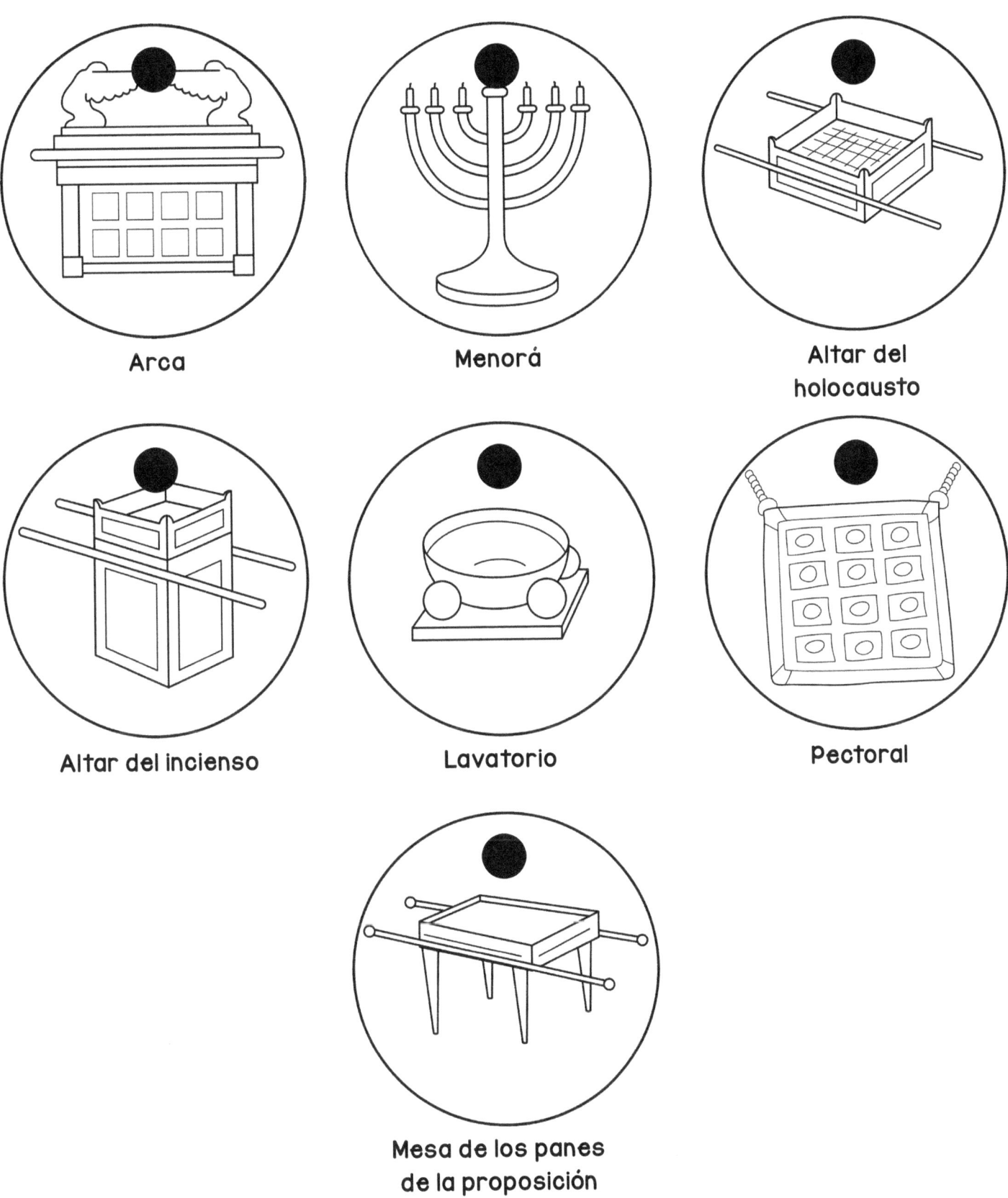

Arca

Menorá

Altar del holocausto

Altar del incienso

Lavatorio

Pectoral

Mesa de los panes
de la proposición

Frutas de la tierra

Lee Números 13. ¿Qué frutas los espías trajeron de la tierra de Canaán?
Colorea y recorta las frutas correctas. Colócalas en la cesta.

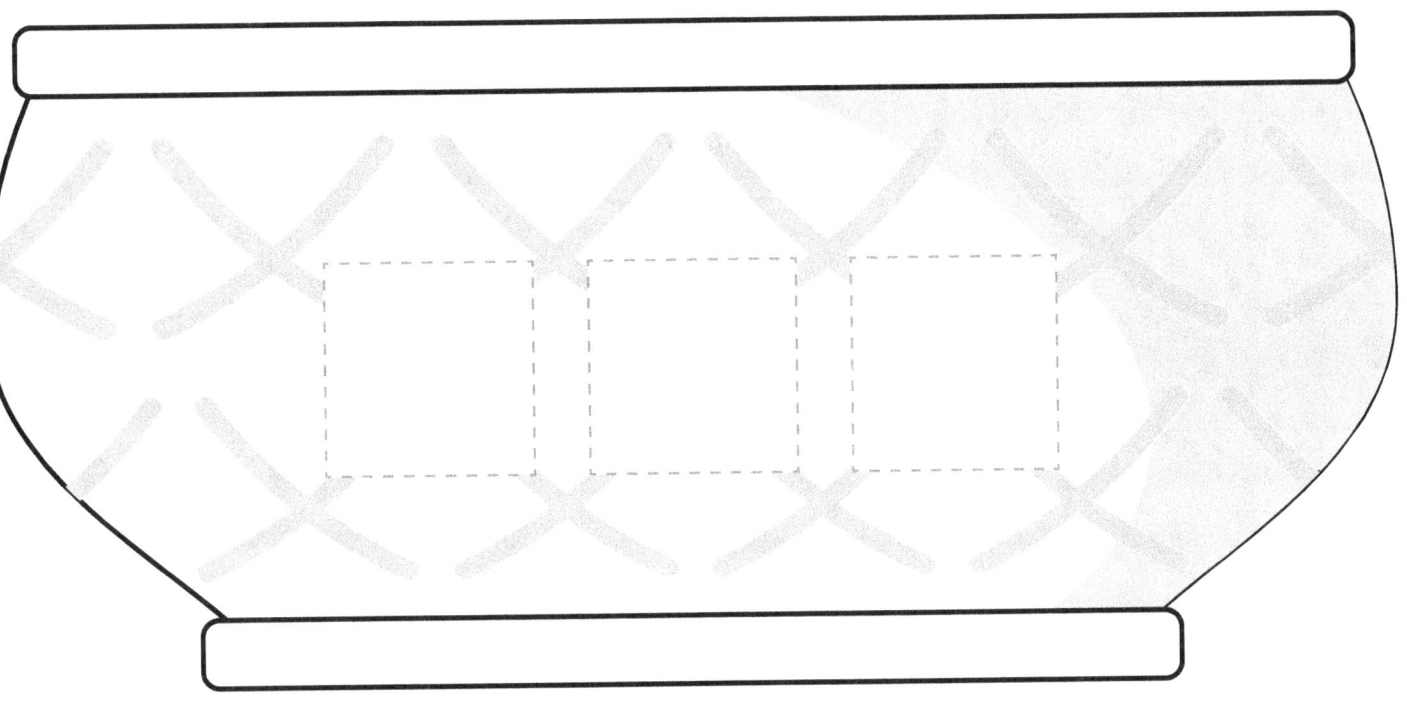

¿Quién lo dijo?

Lee Números 13:1-33. Colorea y recorta cada imagen bíblica.
Empareja el versículo de la Biblia con la persona que lo dijo.

1.

"Envía tú hombres que reconozcan la tierra de Canaán, la cual yo doy a los hijos de Israel"
- Números 13:2

2.

"Subid de aquí al Neguev, y subid al monte, 18 y observad la tierra cómo es"
- Números 13:17-18

3.

"Subamos luego, y tomemos posesión de ella; porque más podremos nosotros que ellos"
- Números 13:30

4.

"También vimos allí gigantes, hijos de Anac, raza de los gigantes, y éramos nosotros, a nuestro parecer, como langostas"
- Números 13:33

Caleb ✂ Dios ✂ Espía ✂ Moisés ✂

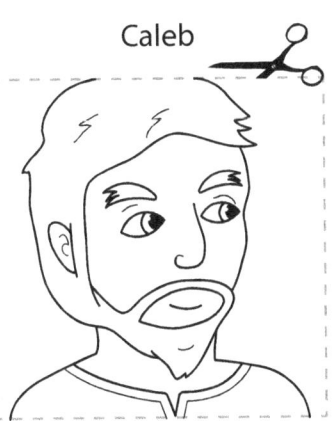
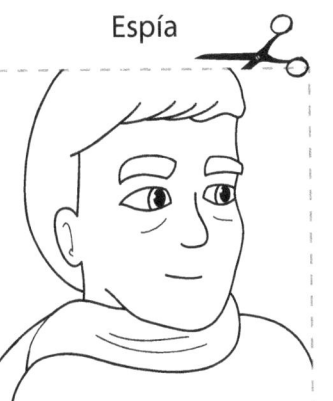

Guía de respuestas

Lección 1: Cruce del mar Rojo

Repasemos

1. Dios los guio a través del desierto en una columna de fuego y una columna de nube
2. Ir tras los israelitas
3. Los israelitas se sintieron atrapados
4. Dios dividió el mar Rojo para que pudieran caminar sobre terreno seco.
5. El ejército egipcio se ahogó en el mar Rojo

Hoja de trabajo: ¿Quién fue Moisés?

1. La hija del faraón adoptó a Moisés
2. Moisés mató a un egipcio, así que huyó a la tierra de Madián
3. Dios envió a Moisés de regreso a la tierra de Egipto para liberar al pueblo de Israel
4. Moisés tuvo dos hijos: Gersón y Eliezer
5. Pídales a los niños que respondan esta pregunta. Las respuestas pueden variar
6. Cinco palabras que describen a Moisés: Pídales a los niños que respondan esta pregunta. Las respuestas pueden variar

Palabras desordenadas de Moisés

Egipcios, Israelitas, Pi-hahiroth, Faraón, Moisés, Migdol, Mar Rojo, Sucá

Hoja de trabajo: Carro de guerra egipcio

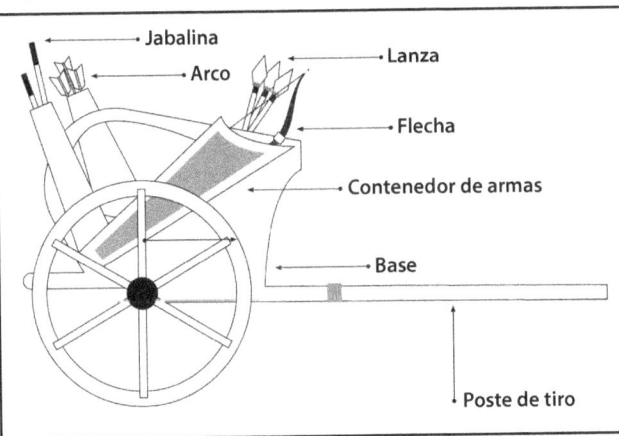

- Jabalina
- Arco
- Lanza
- Flecha
- Contenedor de armas
- Base
- Poste de tiro

Cuestionario de la Biblia: Cruce del mar Rojo

1. Dios
2. Los huesos de José
3. El Ángel de Dios en una columna de nube o fuego
4. El ejército egipcio
5. Pi Hahiroth, entre Migdol y el mar, al otro lado de Baal Zephon
6. Levantó su bastón y extendió su mano sobre el mar
7. Mar Rojo
8. Hizo que las ruedas de sus carros se rompieran
9. Se ahogaron en el mar
10. Le cantaron una canción a Yahweh

Sopa de letras de la Biblia: Cruce del mar Rojo

```
F M O I S É S Z W D B V B Y C
A D J G E T Z G T D Y A A F O
R Z X B Q C U J H P L N G U D
A N G A H H G W E Y K I U E O
Ó U Q C M K B E B W Z M A G A
N L Q R Y A M U R F D A A O L
H T I E R R A S E C A L Y U X
V Y S J W H T E O E A E Z Y P
Z A P Z S P I N S E D S S Z Y
K Q R H H I D Y P W Z Y Y U P
Z I A A E S N H C A R R O S A
B K E J É R C I T O H D B Q E
S T D Q D V L U Z O O E H Z U
L N U B E P O D I E B R J E G
T I E R R A D E E G I P T O J
```

Hoja de trabajo para colorear: ¡Escape de Egipto!

1. Dios guio a los egipcios fuera de la tierra de Egipto
2. Cuando Moisés se fue de la tierra de Egipto, se llevó los huesos de José con él
3. Moisés extendió su mano sobre el mar (Éxodo 14:21)

Pregunta y colorea: Cruce del mar Rojo

1. El ejército egipcio
2. Nube y oscuridad
3. El agua se dividió en dos

¿Cuál es la palabra?

"Y extendió Moisés su mano sobre el mar, e hizo Dios que el mar se retirase por recio viento oriental toda aquella noche; y volvió el mar en seco, y las aguas quedaron divididas. Entonces los hijos de Israel entraron por en medio del mar, en seco, teniendo las aguas como muro a su derecha y a su izquierda. Y siguiéndolos los egipcios, entraron tras ellos hasta la mitad del mar, toda la caballería de Faraón, sus carros y su gente de a caballo. Aconteció a la vigilia de la mañana, que Dios miró el campamento de los egipcios desde la columna de fuego y nube, y trastornó el campamento de los egipcios, y quitó las ruedas de sus carros, y los trastornó gravemente. Entonces los egipcios dijeron: Huyamos de delante de Israel, porque Dios pelea por ellos contra los egipcios. Y Dios dijo a Moisés: Extiende tu mano sobre el mar, para que las aguas vuelvan sobre los egipcios, sobre sus carros, y sobre su caballería. Entonces Moisés extendió su mano sobre el mar, y cuando amanecía, el mar se volvió en toda su fuerza, y los egipcios al huir se encontraban con el mar; y Jehová derribó a los egipcios en medio del mar".

Hoja de trabajo de comprensión: ¿Descubrimiento en el mar Rojo?

1. En el Egipto actual, ubicada en el Golfo de Áqaba y frente a la costa de Arabia Saudí
2. Las respuestas pueden incluir el gran tamaño de la playa, la existencia de un Puente terrestre submarino que se extiende entre la playa de Nuweiba y la costa de Arabia Saudí, y que Dios los guio a esta área

Empareja el versículo de la Biblia

1 = Moisés, 2 = Faraón, 3 = Pan sin levadura, 4 = María

Lección 2: Los diez mandamientos
Repasemos

1. No tenían suficiente comida
2. Maná y codornices
3. El Sabbat
4. En la mañana del tercer día hubo truenos y relámpagos y una nube espesa sobre la montaña y un toque de trompeta muy fuerte, de modo que todo el pueblo en el campamento se estremeció. Entonces Moisés sacó al pueblo del campamento al encuentro de Dios, y se detuvieron al pie de la montaña. Ahora el monte Sinaí estaba envuelto en humo porque Dios había descendido sobre él en fuego. El humo subió como el humo de un horno, y todo el monte se estremeció. Y a medida que el sonido de la trompeta se hacía más y más fuerte, Moisés habló, y Dios le respondió con truenos. Dios descendió sobre el monte Sinaí, a la cima de la montaña
5. Pídales a los niños que escriban los diez mandamientos (Éxodo 20)

Hoja de trabajo de comprensión: Maná en el desierto

1. Dios envió maná a los israelitas para que lo recolectaran
2. Porque era el Sabbat, y a los israelitas se les ordenó descansar

Cuestionario de la Biblia: Los diez mandamientos

1. Moisés y los israelitas
2. Honra a tu padre y tu madre
3. 6º mandamiento
4. Dos tablas de piedra
5. Acuérdate del Sabbat
6. 9º mandamiento
7. 8º mandamiento
8. 2º mandamiento
9. Monte Sinaí
10. No desearás las posesiones de tu prójimo

Pregunta y colorea: Monte Sinaí

1. El Sabbat
2. Nuestra madre y padre
3. Los israelitas temían que iban a morir

Hoja de trabajo: Los diez mandamientos

1. Soy el Señor tu Dios. No tendrás dioses ajenos delante de Mí
2. No harás ídolos
3. No tomarás el nombre de Dios en vano
4. Acuérdate del Sabbat y santifícalo
5. Honra a tu padre y tu madre
6. No matarás
7. No cometerás adulterio
8. No robarás
9. No hablarás contra tu prójimo falso testimonio
10. No codiciarás las cosas de otras personas

Palabras desordenadas de la Biblia

"Honra a tu padre y a tu madre, para que tus días se alarguen en la tierra que Dios te da" (Éxodo 20:12)

Lección 3: El becerro de oro
Repasemos

1. Un dios / ídolo
2. Oro y tenía la forma de un becerro
3. Amenazó con destruir a los israelitas
4. Lo quemó en fuego, lo trituró hasta convertirlo en polvo e hizo que los israelitas lo bebieran
5. Dos nuevas tablas de piedra

Crucigrama de la Biblia: El becerro de oro

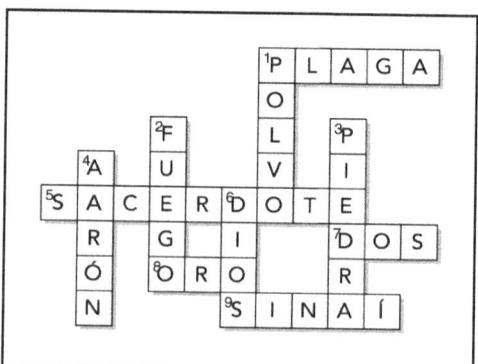

¿Cuál es la palabra?

"Viendo el pueblo que Moisés tardaba en descender del monte, se acercaron entonces a Aarón, y le dijeron: Levántate, haznos dioses que vayan delante de nosotros; porque a este Moisés, el varón que nos sacó de la tierra de Egipto, no sabemos qué le haya acontecido. Y Aarón les dijo: Apartad los zarcillos de oro que están en las orejas de vuestras mujeres, de vuestros hijos y de vuestras hijas, y traédmelos. Entonces todo el pueblo apartó los zarcillos de oro que tenían en sus orejas, y los trajeron a

Aarón; y él los tomó de las manos de ellos, y le dio forma con buril, e hizo de ello un becerro de fundición. Entonces dijeron: Israel, estos son tus dioses, que te sacaron de la tierra de Egipto. Y viendo esto Aarón, edificó un altar delante del becerro; y pregonó Aarón, y dijo: Mañana será fiesta para el Señor. Y al día siguiente madrugaron, y ofrecieron holocaustos, y presentaron ofrendas de paz; y se sentó el pueblo a comer y a beber, y se levantó a regocijarse".

Pregunta y colorea: El becerro de oro

1. Aarón hizo el becerro de oro
2. Moisés lanzó al piso las tabletas y se rompieron
3. Moisés hizo que los israelitas bebieran polvo de oro

Hoja de trabajo de comprensión: Doce tribus de Israel

1. El pueblo hebreo, que salió de Egipto y siguió a Moisés por el desierto durante cuarenta años hasta llegar a la tierra de Canaán, se convirtió en las doce tribus de Israel. Cada tribu estaba compuesta por decenas de miles de personas y recibió el nombre de un hijo o nieto de Jacob (cuyo nombre luego se cambió a Israel). Como resultado, el pueblo hebreo llegó a ser conocido como los israelitas, o las doce tribus de Israel
2. Efraín y Manasés

Lección 4: El tabernáculo
Repasemos

1. Bezalel y Aholiab
2. Los israelitas le llevaron regalos para ayudar a construir el tabernáculo
3. Las dos tablas de piedra (diez mandamientos)
4. La Pascua y la Fiesta del Pan sin Levadura, Primicias, Pentecostés, el Día de las Trompetas, Día de la Expiación, la Fiesta de los Tabernáculos y el Último Gran Día
5. Madera de acacia

Cuestionario de la Biblia: El tabernáculo

1. Aarón
2. Para que Dios habitara entre Su pueblo
3. En la parte superior del arca de la alianza
4. Oro puro
5. Tribu de Leví
6. Bezalel y Aholiab
7. Libro del Éxodo
8. Aceite de oliva puro
9. Holocaustos y sacrificios
10. Madera de acacia

Hoja de trabajo: El arca de la alianza
Medidas para el propiciatorio:
2 ½ codos de largo
1 ½ codos de ancho

Medidas para el arca:
2 ½ codos de largo
1 ½ codos de ancho
1 ½ codos de alto

El arca y las varas estaban hechas de oro puro.
El arca y las varas estaban recubiertas de oro puro.
Los anillos, el propiciatorio y los querubines estaban hechos de oro puro.
Había dos querubines, cuatro anillos y dos varas.
El testimonio (diez mandamientos) estaba colocado dentro del arca.

Actividad del mapa: El tabernáculo (diagrama)

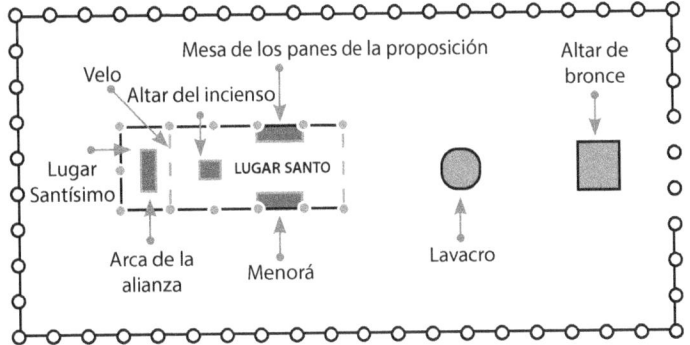

Empareja el versículo de la Biblia
1 = Moisés, 2 = Bezalel, 3 = Fiesta de los Tabernáculos (Sukkot), 4 = Aarón

Hoja de trabajo de comprensión: El tabernáculo
1. El Lugar Santo y el Lugar Santísimo
2. Los levitas

Hoja de trabajo: La vara de Aarón

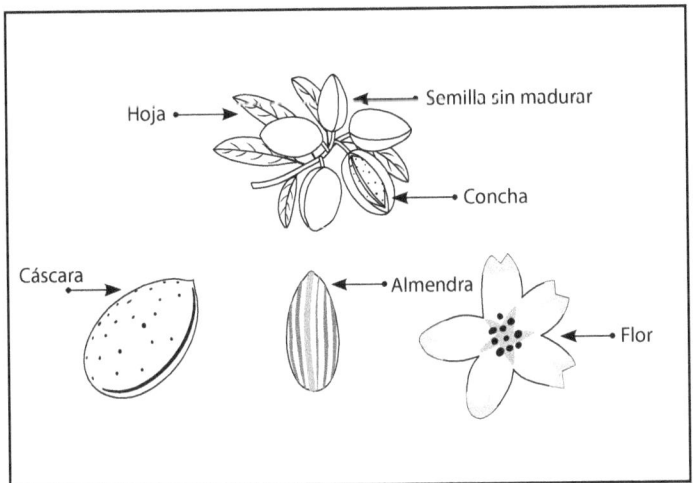

Hoja de trabajo para colorear: El tabernáculo

1. Artesanos habilidosos fueron elegidos para construir el tabernáculo
2. Una menorá bíblica tiene siete ramas
3. Los israelitas usaron plata para hacer las estacas de la carpa

Lección 5: Espías en Canaán
Repasemos:

1. Moisés eligió a un espía de cada tribu de Israel
2. Gente, ciudades y frutas gigantes
3. Josué y Caleb
4. Dios envió una plata
5. Dios estaba molesto porque Moisés y Aarón no confiaron en Él lo suficiente para santificarlo ante los israelitas (Números 20:9-12)

Cuestionario de la Biblia: Doce espías

1. Doce tribus
2. Desierto de Paran
3. Doce espías
4. A través del Negev
5. Fruta
6. Gigantes (Nefilim)
7. Amalecitas
8. Cuarenta días
9. Uvas, granadas e higos
10. Caleb y Josué

Sopa de letras de la Biblia: Espías en Canaán

Hoja de trabajo de comprensión: ¿Quiénes eran los gigantes?

1. Francia, California (Estados Unidos) y Turquía
2. Algunos Nefilim tenían doble fila de dientes y seis dedos en cada mano o pie (2 Samuel 21:20)

Pregunta y colorea: Los Nefilim

1. Los espías exploraron la tierra de Canaán durante cuarenta días
2. Los hijos de Anac provenían de los Nefilim
3. Los espías se compraron a sí mismos con saltamontes (langostas)

¿Quién lo dijo?

1 = Dios, 2 = Moisés, 3 = Caleb, 4 = Espía

Hoja de trabajo para colorear: Doce espías

1. Doce espías
2. Higos, uvas y granadas
3. Cuarenta días

¡Descubra más Libros de Actividades!

Disponibles para comprar en www.biblepathwayadventures.com

¡DESCARGA INSTANTÁNEA!

Libro de Actividades de las Fiestas de Otoño
Libro de actividades de las 12 tribus de Israel para Principiantes
Libro de actividades de las 12 tribus de Israel
Libro de Actividades de las Fiestas de la Primavera
Bereshit | Génesis - Libro de Actividades con Porciones de la Torá
Shemot | Éxodo - Libro de Actividades con Porciones de la Torá
Vayikra | Levítico - Libro de Actividades con Porciones de la Torá
Libro de Actividades de la Porción Semanal de la Torá